大夏书系·全国中小学班主任培训用书

有效主题班会十讲
设计理念与实施策略

迟希新 著

华东师范大学出版社
全国百佳图书出版单位
·上海·

目录
CONTENTS

序　言　*1*

第一讲　歧路囿途：主题班会存在的问题和困境

　　一、主题班会的问题"症候"　*2*
　　　　1. 模式僵化　*3*
　　　　2. 倚重表演　*3*
　　　　3. 单向灌输　*3*
　　　　4. 共鸣缺失　*4*
　　二、问题分析与归因　*6*
　　　　1. 缺失研究视角　*7*
　　　　2. 缺乏对学生年龄特征的准确把握　*8*
　　三、引入研究视角，回归教育本质　*10*

第二讲　回归原点：主题班会的内涵解读与功能分析

　　一、主题班会的基本内涵　*14*
　　　　1. 什么是主题班会　*14*
　　　　2. 主题班会与其他班级活动的联系与区别　*17*

二、主题班会的教育功能　19
　　1. 认识提升功能　20
　　2. 行为规范功能　21
　　3. 价值导向功能　23
　　4. 情感感染功能　28
　　5. 动机激励功能　32
　　6. 精神凝聚功能　36

三、关于主题班会功能定位必须厘清的问题　38

第三讲　诗外功夫：主题班会设计与实施的科学理念

一、科学理念对主题班会设计与实施的影响　43

二、和主题班会设计与实施理念相关的三个理论议题　45
　　1. 如何正确定位德育和理解德育过程　46
　　2. 如何评判活动的功效和影响机制　51
　　3. 如何解读态度和行为转变的动力机制　53

第四讲　班会拼图：主题班会设计与实施的一般过程

一、主题提炼和酝酿阶段　58
　　1. 主题的发现和寻找　59
　　2. 主题的提炼和确定　62
　　3. 主题的物化和表达　66

二、主题班会方案的撰写阶段　68

三、主题班会的组织实施阶段　70
　　1. 主题的导入　71
　　2. 主题的展开和深化　74
　　3. 主题总结和提升阶段　80

第五讲　方圆规矩：主题班会设计与实施的原则

一、计划性原则　84
1. 时间安排的计划性　85
2. 主题内容的系统性设计　86

二、针对性原则　93
1. 关注教育对象的年龄特征，审视活动形式的适宜性　94
2. 控制主题的内容范围，提高教育内容的针对性　103

三、整合性原则　105
1. 教师主导作用和学生主体作用的整合　106
2. 媒体演示和教师言语解说的整合　108

第六讲　路在脚下：主题班会设计与实施的创新路径

一、主题班会设计与实施的整合思维　114
1. 与学科课程的整合　115
2. 与社会实践活动的整合　122
3. 与家校协同活动的整合　124

二、微型班会的模式创新　127
1. 微型班会的内涵与特点　127
2. 微型班会设计与实施的创新思路　130
3. 微型班会设计与实施时要注意的问题　133

三、多媒体资源的有效利用　134
1. 读图时代的现实促动　134
2. 视知觉心理的理论与实践确证　135
3. 多媒体的特点与德育情感过程的本质契合　136
4. 借力公益广告，开好主题班会　137

四、他山之石：团体心理辅导技术的启示　140

第七讲 集腋成裘：主题班会设计的素材准备和积淀

一、设计主题班会应具备的能力 **146**

二、做一个素材积累的有心人 **147**

三、"四个一"的积累原则 **148**

四、主题班会素材库建设思路 **152**

五、主题班会专题素材库示例 **153**

    1. 感恩父母主题 **153**

    2. 自我规划主题 **160**

第八讲 以微见著：主题班会方案的改进研究

一、班主任学习与研究的特点 **164**

    1. 倚重经验并不断提升经验的实践过程 **164**

    2. 基于问题并有效解决问题的任务驱动 **165**

    3. "工""学"有机融合的行动研究特质 **165**

    4. 碎片化的时间和非体系化的研究范式 **165**

二、班主任应该具备的研究素养 **166**

    1. 需要更为出色的问题意识和教育敏感 **166**

    2. 在行动研究中积累和反思 **167**

三、案例解析——班会方案的问题诊断与处理 **168**

    1. 班会"微调打磨" **169**

    2. 班会"一拆三" **172**

    3. 班会"大手术" **176**

    4. 班会对象"大挪移" **181**

第九讲　班会工作坊：让主题班会成为校本研修与培训的载体

一、工作坊研修的特点　**184**

二、工作坊研修模式　**186**

　　1. 世界咖啡　**186**

　　2. 同课异构　**188**

　　3. 主题班会听评课　**190**

第十讲　班会研究3.0：从班本课程到"大活动"理念

一、班会研究3.0的内涵　**194**

二、班会研究升级的意义与班本课程开发　**194**

　　1. "育人"不是班主任的一句空洞口号　**194**

　　2. 在班本课程的开发研究中找到育人目标　**195**

三、优秀班本课程开发案例及实践启示　**196**

　　1. 连老师和"莲文化"班本课程　**196**

　　2. 谢老师和"盐文化全课程"　**198**

三、班本课程开发的基本过程　**200**

　　1. 做好课程建设的前期研究　**200**

　　2. 对课程实施结果进行总结和评价　**201**

　　3. 确定进一步改进课程的方向和策略　**201**

四、"大活动"理念——构建活动育人的"大棋局"　**201**

后　记　**203**

序 言
PREFACE

　　主题班会对班主任来说具有特殊的意义和功用。主题班会不仅是班主任对学生进行有效教育引领、实现班级德育的重要途径，也是彰显班主任教育智慧和个性化教育主张的有效载体。在某种程度上说，上好主题班会课也是班主任的关键能力——主题班会是班主任自己的"课"。

　　我们在评价学科教师的教学素养和教育能力时，多采用听课的形式——听一节语文课或者数学课，我们大致可以了解一个语文或数学老师的教学能力，如果我们也想在一个较短的时间内了解一个班主任的教育能力和教育艺术，评判班主任的教育素养，观摩一节主题班会课就不失为一种有效的评判形式。尽管一节课所传递的信息有限，但是，我们在一节主题班会上，还是可以看出一个班主任基本的教育理念——班主任对学生主体性的理解和学生发展任务的把握，以及班主任在主题班会实施过程中主导作用的发挥状况和处理教育细节中所彰显出的教育机智。

　　尽管主题班会具有强大的教育功能，在班主任的专业能力中也具有不可替代的象征意义，然而在班级管理实践中，开好主题班会，充分发挥主题班会的育人功能却并不是一个轻松、容易的事情。在班级管理实践中，不乏形式主义意味十足的、走过场式的主题班会，以及忽视学生主体性发挥、教师强制灌输的生硬的主题教育活动。这些问题昭示出主题班会没有得到班主任足够的重视，没有像对待语文课和数学课那样进行充分的准备和精心的设计，另一方面，也反映出很多班主任对主题班会的设计理念和组织实施的过程缺乏基本的常识。因此，强化主题班会在班级管理中的重要地位，加强班主任对主题班会的专题研究，通过实践历练和案例研究提升班主任关于主题班会设计与实施的理念，不断创新主题班会的实施策略，对学校德育课程建设和班主任队伍建设都具有现实意义。

另外，实践中也发现，在主题班会的实施过程中存在学校课程管理上的突出问题。如主题班会没有时间上的保证，常常被其他教学活动所挤占。这一方面反映出学校对德育和主题班会的重视不足，另一方面也折射出主题班会在设计实施上的确存在形式单一、活动过程呆板的问题，无法与学校其他教学活动和家校协同活动进行有机整合。因此，主题班会在设计与实施上需要进一步开阔思路，打破单一设计和常态模式，采取整合设计和微型化设计的新思路，充分提升教育实效性。

毋庸置疑，创新是艰难的！主题班会设计与实施的创新阻力一方面是由于班主任自身的能力局限，另一方面也是因为学校重视不足和活动时间的掣肘。因此，创新主题班会的模式，对主题班会进行系列化的设计，与班主任的带班目标进行有机整合，设计和开发主题教育的班本课程，无疑是新形势下班主任校本研究的重要课题。

有人说"班主任是戴着镣铐跳舞的人"，这种带有几分戏谑的说法也不无道理，班主任的确很难找到一个尽善尽美、可以不受教育条件限制和外界纷扰、尽情挥洒自己教育智慧和个性的"舞台"，总是有各种不尽如人意的缺憾伴随班主任左右。主题班会的设计实施与专题研究更是如此，班主任在教育实践中可能无法在短时间内摆脱"戴着镣铐跳舞"的处境。但是，我们相信，只要我们有创新的意愿和决心，有努力探寻的精神和坚持，在任何条件下，都可以找到更具创新特质的实践路径，因校制宜、因班制宜地开展主题教育的创新探索，成为出色的带着"镣铐"的教育"舞者"。

第一讲

歧路囧途：主题班会存在的问题和困境

问题导引：

- 主题班会在设计与实施中存在哪些突出问题？您有哪些困惑？
- 您如何评价自己开过的主题班会？
- 主题班会教育实效性低迷的深层次原因是什么？
- 作为主题教育活动的主题班会应该怎样准确定位？

一、主题班会的问题"症候"

近年来，随着班主任培训工作的开展和深入，特别是对班主任教育素养的关注度的提高，主题班会的设计与实施能力作为班主任技能的核心内容，受到校长、培训研究人员和班主任本人的强烈关注。在班主任培训的课程设计中，我们会看到主题班会观摩和讲授都被列为主要内容。在各种层次的班主任技能大赛和班主任风采展示活动中，主题班会也成为不可或缺的"重头戏"。

主题班会从来没有像今天这样引起人们如此的重视和兴趣，同时，我们也会发现，在实践层面，主题班会也从来没有像今天这样引发班主任如此之多的疑虑和困惑。什么样的主题班会才是好班会？主题班会应该采用怎样的形式？为什么华丽好看的主题班会没有取得预期的效果？为什么兴师动众、精心准备的主题班会却不能赢得学生的喜欢？用一些一线班主任形象的说法就是，"今天越来越看不懂主题班会，越来越不会开班会了"。

从研究的视角来看，个别研究者对主题班会的理解也不乏偏颇之处。有时，我们会发现一些设计理念、实施方式都存在问题的主题班会，竟然成为一些班主任培训教材中的优秀案例。一些明显具有瑕疵的主题班会竟然拿到了主题班会大赛的头奖。这样的现状迫使我们必须静下心来，回到主题班会基本内涵、主要功能的原点。

医学有个专用名词——"症候"。它通常指病人的躯体症状和疾病的外在表征。我们去看医生的时候，医生通常要我们描述身体的症状。医生一般会通过我们对身体症状的自述，对我们是否患病，患的是何种病症做出初步的诊断。如果我们认为主题班会设计与实施中也存在问题,那么它也应该有特殊的、具体的症候。笔者基于近些年来对班主任培训实践的观察和研究,认为目前主题班会设计与实施中的问题"症候"可集中体现在以下几个方面:

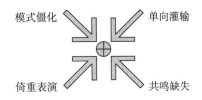

1. 模式僵化

我们观摩过的主题班会大多数都是由一男一女两个学生来主持,不仅有华丽的主持串词,还有严格的仪式和程序,仿佛让我们来到了春节联欢会的现场。有的班主任甚至认为,主题班会就是由学生做主持人来开展的班会。另一种形式的僵化表现就是对发言讨论这一活动形式过分依赖,很多主题班会演变成了单调、沉默的发言会。这种认识上的误区,极大地限制了班主任的想象空间和创造力,使主题班会成为一种僵化、刻板的模式,进而导致了主题活动中的形式主义。

2. 倚重表演

与主题班会模式僵化、呆板相伴的另一个特征就是主题班会实施过程中强烈的表演色彩。尤其是在一些所谓的优秀主题班会的观摩现场,因为大量观众的存在,更强化了学生和主持人"在场"的感觉。很多主题班会在设计上考虑不足,简单地采用"拼盘式"的设计方式,把学生的活动简单地拼凑在一起,一个活动连着一个活动,你方唱罢,我方登场,班会开下来,似乎是完成了一场表演。有场面,有掌声,却唯独缺了实实在在的教育实效。

3. 单向灌输

班会上老师、主持人"烧火棍子一头热",大部分学生成了沉默的观众甚至是局外人。很多班会都是主持人在卖力地"吆喝",而下面的学生反应平淡。有些主题班会则完全异化成另一种形式的"灌输"和"说教",所以,班会结束时,同学们似乎认同了老师的观点,接受了主持人的要求和倡议,但整个过程却缺少了学生的参与热情和活动兴趣,致使主题班会变成了班主任和主持人的独角戏。

4. 共鸣缺失

很多班会在设计时对情感教育的目标关注不够,缺乏激发学生情感的恰当素材和合适的活动形式,班会平铺直叙,没有起伏和节奏的变化,主持人和老师的情感投入也不够。比如,感恩主题的班会不能感动学生,也不能感动老师和主持人自己,学生只是机械、被动地接受主持人的活动任务安排。活动既不能打动学生的心灵,激发他们的情感,也不能让学生通过班会中提出的问题产生深刻的思考。以下是笔者观摩过的一个高二年级的主题班会。

案例:呆板的班级动员会

班会背景

学校有一个德育常规管理活动——评选学校的流动红旗班,这个班级有意争取流动红旗的荣誉,因此准备开一次主题班会作为誓师动员会。

班会过程

(1)班主任宣布主题班会开始后,就像我们通常见到的那样,主持的权利就移交给了主持人——班长。班长首先介绍了一下开这次主题班会的背景,对流动红旗的重要性作了简单的说明。

(2)主持人请各位同学发言,交流自己对本次活动的认识、体会和个人在活动中的打算。每个同学都是以书面发言的方式进行交流。发言稿虽然都很长,但是内容基本相同,都以表决心为主。

(3)请参加班会的老师发言。主持人请我在班会上发言,让我对这次活动提出建议或希望。因为这个环节事先我并不知情,所以发言效果不太令人满意。

（4）班会总结。主持人宣布全体起立，要求大家举起右手，握拳，跟着班长一起宣誓。原话没有记清楚，大致是"一不怕苦，二不怕死""誓拿流动红旗""我为班级添光彩"等。

（5）班主任讲话。班主任似乎想更好地发挥学生的主体作用，只说了三句话："谢谢大家的参与！谢谢迟老师的光临！我们的主题班会很成功！"

这个主题班会应该说是一个很有代表性的反面案例。设计理念中的灌输色彩，实施方式的呆板、形式化，以及教师主导作用的缺失等突出问题都暴露无遗。

表面上看，班会由学生自己主持，很多同学都发言参与了活动，似乎贯彻了发挥学生主体性的理念。但是，我们明显地感觉到，这是一种披着"主体性"外衣的强制和灌输，是彻头彻尾的"假主体"。

究其深层原因，是老师对主题班会的理解和班会的设计理念出了问题。这样的主题班会让学生"避之唯恐不及"，更不要奢望有怎样的教育效果。如果我们无视高二学生的自主意识、判断能力，不对班会的内容进行深入研究和形式创新，这样的班会将导致我们的主题教育之路越走越窄。

有人说，教室里的主题教育受场所的局限容易导致上面的情况，如果把活动移到学校以外的实践活动场景下，效果就会大不一样了，上面提到的种种症候就会消失了。事实是否真的如此呢？我们来看看社会实践活动中的主题教育。

案例：一次感恩教育的"表演秀"

为了培养孩子的孝心，某学校要搞一次感恩主题教育活动，孩子要给爸爸妈妈现场洗脚。400多个学生和家长在操场上摆开了颇为壮观的洗脚场面。洗完脚后，孩子们都跪在父母面前一起朗诵《弟子规》，记者也在最后环节采访家长和学生，让他们表达自己参加本次活动的心情和感受。当时已经是深秋，天气已经转凉，校长讲话时间有点长，到了洗脚的环节，估计洗脚水已经凉了，所以，我注意到很多家长都皱眉、苦笑，毕竟凉水洗脚的感觉很不舒服。我问了旁边的家长，他们都说是跟单位请了假，专程到学校来"洗脚"。

在活动的总结环节，我被邀请发言。我在发言中表达了自己真实的想法和建议：学校注重学生的感恩情怀的培养，教会孩子孝敬父母，这个目标没错，也确有必要，但是在活动形式上一定不能以轰动的场面和参加人数作为活动育人效果的评价指标。这样兴师动众的大活动莫如变成一次家庭作业——在一周之内让学生完成一个实践活动，在父母一天劳累后，给父母认真洗一次脚，并和父母好好聊聊天。待大家都完成了家庭作业后，再召开一个主题班会，让学生们讲讲各自在给父母洗脚时发生的真实故事，以及他们在活动过程中的情感体会和内心感触。父母如果不能到现场参加活动也可以通过视频的方式，与孩子们交流一下自己在洗脚过程中的真实感想。这样朴素、简单、真实的感恩主题活动在教育实效性上一定远远强于"博眼球""造声势"的洗脚"表演秀"。

以前，我们认为把学生"圈"在教室里，不让学生接触真正的社会实践，就容易导致教育的灌输和强制，进而使教育流于形式。但是，我们在这个案例中看到学生被领到了教室外，甚至也进行了真实的体验活动，如果强制灌输的理念没有变，学生的主体性得不到足够尊重和充分彰显，这样穿着活动"马甲"的体验活动和实践活动依旧是改头换面的"新形式主义"。

二、问题分析与归因

前文提到的问题和案例，表面看来是教师的教育技巧、课程设计和实施能力问题，但是，追根溯源，其实是设计理念的问题。如果主题班会的设计理念出现了科学性问题，那么即便班主任有再大的热情和积极性，也无法保证主题班会的教育效果。主题班会设计与实施中存在的问题，是教育理念和教育素养等深层次的问题。笔者以为造成上述情形的深层次原因可归结为以下两个方面。

1. 缺失研究视角

我们在班主任培训中发现，一些班主任认为，主题班会无非就是一次班级活动，交给学生去设计、组织，或老师简单安排一下就可以完成了。只要在主题班会中安排体验活动，组织学生进行讨论交流，学生就会形成对相关主题的感受和体会。事实是否真的如此呢？是不是有了体验活动，学生就能够体会老师的意图，达到预期的教育效果呢？让我们看看下面的案例。

案例：一次不成功的主题活动

新疆以盛产棉花著称。在棉区，摘棉花是一个非常辛苦的事情，很多学校都把摘棉花作为学生体验社会生活的主要活动。塔里木石油一中为了培养学生的劳动观念，让学生体会劳动的艰辛，组织了一次为期两天的摘棉花活动。整个活动过程中老师目睹了学生们辛苦地劳动，确信学生一定有了切身的体会。但是，在活动总结时，一些学生的发言却让老师大吃一惊。有学生竟然说："长大以后一定要当地主。"因为当了地主就不用做这样辛苦的工作了。

学生的体会和收获与主题活动的初衷南辕北辙，让活动的组织者难以置信。这个活动的结果警示我们：班级的教育活动，不能简单地依靠新方法的选择或实施途径的创新。体验法是科学的方法，但是体验不一定都是有效的教育。班主任老师需要在活动设计之初，对活动的理念作深刻的反思，对活动过程和活动形式作深入的研究。

以研究的视角看待主题班会，可以确保主题班会的设计理念符合科学性原则，促使班主任认真推敲设计理念是否正确，是否符合学生的年龄特征，是否符合学生品格和心理发展的一般规律，避免主题班会出现严重的导向性错误，也最大程度地避免活动中的形式主义和强制灌输。

以研究的视角看待主题班会，可以使班主任通过典型案例的研究，掌握现象背后的规律。班主任通过自己寻找班会的主题，制订主题班会的实施方案，总结和反思方案的实施等行动研究过程，不断地在案例研究中探寻问题解决的规律，全面提升自己的教育素养。

以研究的视角看待主题班会，还可以帮助班主任形成独立解决问题的能力，主题班会的创新路径需要班主任在不断总结和反思的基础上生成，通过总结主题班会设计与实施中的实践经验，班主任能够逐渐发现主题班会设计与实施中的问题，并通过科学分析，找到解决这些问题的合理策略。

2. 缺乏对学生年龄特征的准确把握

理念是一个人观念、思想的总和，决定了一个人体认问题的方式、态度和解决问题的具体方法。正如美国管理学家波拉德所言："我们都是自己思想的奴隶。"简言之，理念决定了一个人看问题的角度，决定了一个人的态度和行为方式。一个老师有什么样的教育理念决定了他会怎样看待师生关系，怎样与学生交往，怎样设计和实施班级教育活动。

但教育理念的获得又不是仅仅多读几本书就能解决的。多学习理论、提升自己的理论水平，对形成科学的教育理念具有重要的基础性作用，但是，任何理念的获得都离不开教育实践，离不开学习者的反思——用理论的视角重新审视司空见惯的教育现象，在解决问题的实践过程中，认真体会教育心理理论的真正内蕴，并在理论联系实际、用科学理念解决实践问题的过程中，生成新的解决问题思路，获得创见性的思维成果。

有一次，我到北京的一所小学观摩指导主题班会。我要完成的是校长交给我的一项很具体的任务：这所学校的一位班主任要参加市里的主题班会大赛，要我先观摩一下老师设计的主题班会，看看是否有明显的"硬伤"。

案例：一节"越级"的主题班会

这是一个二年级的主题班会，班会的主题是"学会对自己负责"。因为是参加大赛的班会，老师准备得很充分，班主任的活动组织能力也很强。因此，班会的整体感觉还是很好的。但是，我在教室中观察发现，班上的孩子虽然很认真，很守秩序，但是他们参与活动的热情并不是很高，有些学生明显游离在活动之外。特别是最后一个环节，老师在班会结束前，给每个人发了一张表格，让同学们把这次活动的体会填在表格上。我看到很多同学的表格是空的。下课后，我问学生为什么没有填写表格。很多学生直接回答说："看不懂，不知道该怎么填。"

课下我和老师交流时，我想验证一下自己的判断，便说道："如果我没猜错，你没有教过二年级。"老师回答说："您看得很准，以前我一直教高段，五六年级，今年大轮换，我被安排教二年级。"老师很好奇，问我为什么看得这么准。

我回答道："我是通过你上课采取的活动形式和内容作出的判断。这节课你用了很多心思，但是，你是按照五六年级学生的兴趣特点、理解能力来组织今天的活动。由于孩子们参与活动的能力还没有达到你预期的水平，他们的抽象思维能力还比较弱，因此没办法完成最后填表的作业。"

我给她的建议是：降低活动内容的难度，增强活动的趣味性，并增加活动的比例，去掉填表的环节，改为更形象、有趣的游戏活动。她采纳了我的意见，后来，她把第二次班会的光盘寄给了我，改进后的班会效果好多了。

这个案例告诉我们，教师选择主题班会的内容和活动形式，必须针对学生的年龄特征，充分考虑学生特定年龄阶段的理解能力和兴趣特点。要准确把握学生不同年龄段的心理特点，教师必须学习和了解相关的教育心理学知识。

班主任要掌握的条件性知识中，最重要的内容就是不同阶段学生的年龄特征以及先进的教育理念和德育模式。如果班主任掌握不同阶段学生的年龄特征，了解自己所面对的教育对象的认知发展特点、个性发展规律，以及需要、兴趣等个性倾向性特点，就可以更好地从学生的实际出发，设计有针对性的教育主题，采取科学有效的教育策略，完成对学生的教育和引领。

  班主任对这些条件性知识的了解和掌握，不是对其原理和规则的死记硬背，也不是对个别教育策略的简单模仿，而是在全面吸收和领会这些知识的基础上，把先进的教育理念和思想，融入自己在主题班会设计和实施的具体工作中，不断提升主题班会的设计和实施能力。

  总之，主题班会设计与实施中出现的问题，折射出了班主任设计理念的"短板"，也反映出班主任相关的条件性知识的缺乏。要提升班级主题教育的实效，让班会彰显它应有的教育功能，就必须不断丰富班主任的理论知识储备，提高班主任独立开展班级活动设计与实施的研究能力。

三、引入研究视角，回归教育本质

  任何主题班会都会有"瑕疵"，都有进一步改进和提升的空间。班主任在完成一堂主题班会方案的设计，特别是上完一堂主题班会课以后，都会发现其中存在的问题和需要改进的细节。在这样的反思过程中，班主任对主题班会设计理念和实施方式进行重新审视，进一步确证自己的主题班会是否符合科学的教育理念，是否契合学生的年龄特点，是否满足了学生发展的需求，这是班主任的反思过程，也是特殊的研究过程。通过这样的研究和反思不仅能让班主任改进主题班会的设计，找到新的问题解决思路，也能深化班主任对所学习的教育心理理论的理解。因此，班主任需要对主题班会进行深入的专题研究，对主题选择、实施方式、总结提升等各个环节进行认真的分析和深入的思考。

  首先，必须彻底摒弃"拼盘式"的设计思路。

  所谓"拼盘式"设计就是在缺少内在逻辑线索的前提下，简单罗列、堆砌活动的设计模式。有的主题班会表面看上去内容十分丰富，有大量学生自己主导的活动，例如大合唱、小品、相声表演、歌曲合唱、三句半等，但是这些活动缺少内在的联系，班主任关注的是活动的数量，没有认真观察学生在活动中的状态。没有考虑活动之间的内在联系，忽略了学生在活动中的真实感受和体会。这种简单化的处理方式偏离了主题班会应有的教育功能。

主题班会不是内容的平面展开，而是围绕某一主题的纵向深入。班主任在设计主题班会的时候，要牢牢记住一个大写的字母"T"。在这里，"—"代表主题班会的活动数量，以及学生参与活动范围的大小；"｜"则代表了活动的深入和展开。好的主题班会不是上面的"—"，不是活动的罗列和内容的平面展开，而应该是"｜"，是按照一个既定的设计思路，围绕某一主题逐步深入。

其次，要摒弃"搞活动"的设计理念。

有些班主任把主题班会误解为"搞活动"。尽管主题班会属于班级活动的一种类型，但是，"搞活动"的思维还是有失偏颇的。"搞活动"往往把注意力集中在活动的形式和活动的场面上，过度关注活动的声势和形成的影响力，反而忽视了学生真实的感悟和触动，忽视了学生观念和行为的真实改变。

以"搞活动"的理念组织班级活动往往具有明显的"一过性"效果。活动初期热闹非凡，活动一过就一切如旧。没有长远的计划，也缺少后续的活动跟进。这样的班级活动设计理念不仅造成了人力和时间的无谓消耗，也极大挫伤了学生参与活动的积极性，给学生留下班级活动就是走过场、"博眼球"的不佳印象，进而影响活动育人的实效性。

因此，主题班会的设计与实施必须首先在提升活动育人理念上下功夫，充分凸显学生的主体性，不要让主题班会在华丽的外衣之下背离它本该具有的教育功能，不要让主题班会成为另一种实践中的"新形式主义"。

主题班会必须实现两个重要的回归：

回归常态：回到朴素、简便、易操作的活动组织形式中来！

回归实效：褪尽浮华、回到实实在在的教育效果上来！

 小贴士

展演式的班会到底可不可以？

实践中很多老师认为主题班会要充分彰显学生的主体性，不要陷入教师主导、学生被动参与的误区。因此他们很困惑，不知如何看待学生精心准备的班级活动。有的班主任直接提出疑问——到底能不能组织那种学生自己主持、以展示为主要活动形式的主题班会呢？

其实，我们反对的是那种形式花哨、内容空洞、为展示而展示的班会组织方式，但并不排斥某些特殊活动背景或主题的展示活动，比如学生以主题班会的形式展示他们参加社会实践活动的收获，或者探究学习活动的成果等。问题的核心在于——展示是形式，是手段，而不是最终的活动目的。教育结果也不能局限在所展示的内容上，更要关注过程中的教育和收效，学生在准备展示活动中所形成的体验和感悟，以及活动后的成就感和价值感都可以成为展示型主题班会要思考的深层次的教育实效性问题。

第二讲

回归原点：主题班会的内涵解读与功能分析

问题导引：

- 什么是主题班会？
- 主题班会和常规班会的区别是什么？
- 主题班会的教育功能有哪些？
- 主题班会一定是学生主持的吗？
- 主题班会与班级活动是怎样的关系？
- 主题班会一定是提前确定好主题吗？

一、主题班会的基本内涵

应该说，班主任都开过主题班会，但是，对于什么是主题班会，很多老师都不能给出准确的回答。有的老师说：有主题的班会就是主题班会。有的老师认为，对学生进行德育和思想教育的班会就是主题班会。还有的老师认为，由学生做主持人的班会就是主题班会。对主题班会概念解释的莫衷一是，反映出很多班主任对主题班会内涵与功能的认识模糊不清，因此导致了主题班会在设计理念和实施方式上的诸多舛误。

1. 什么是主题班会

从班主任工作内容来看，主题班会属于班级活动的内容，是班级活动的一种特殊形式。班级活动是班级全体成员参加的集体活动。它有广义和狭义之分。

广义的班级活动是指在教育者的组织和指导下，为实现我国总的教育目的和《中小学德育工作指南》规定的中小学各学段的德育目标，以及为了完成学校的教育工作计划，组织班级集体成员参加的一切教育活动，包括班级的教学活动、社会实践活动、社团活动或兴趣小组等。

狭义的班级活动则是在班主任的组织和领导下，或在班主任的指导下由学生自己组织的，为实现班级教育目标而进行的除课堂教学以外的各种教育活动。它是班主任对班级里的学生进行集体教育和个别教育，培养学生核心素养，促进学生全面发展、个性化发展和可持续发展的基本路径；是班主任组织建设学生集体，并通过学生集体来教育和影响学生个体的一种较为普遍的教育形式；也是学生自我教育的一种行之有效的方式。主题班会在内容归属上应属于狭义的班级活动之一。

以往关于主题班会的解释是：主题班会是在某个阶段围绕一个主题开展的、对学生进行思想教育的班会。我们研究一个概念的时候，通常先关注这个概念中的关键词。在主题班会这个概念中，包含两个重要的关键词："主题""思想教育"。"主题"一词，把主题班会与常规管理的班会区分开来，而"思想教育"则强化了主题班会的教育功能。主题班会旨在完成对学生的思想教育。这个解释似乎包含了班会的所有内容，但是，仔细想来，思想教育的范畴显得过于宽泛，过于笼统。

比如，临近暑假，班主任很担心学生在假期出溺水、交通事故等安全问题，就召开一个以"让我们平安地度过假期"为主题的班会，强化学生的安全意识，让学生远离假期中的潜在危险。严格地说，这是一个安全教育的班会，而不能笼统地称为思想教育。

再比如，初中老师发现，孩子们从小学升入初一以后，很多学生难以适应中学的学习要求，存在不少不良学习习惯问题，而且这些问题在班级中还具有普遍性，于是，老师就召开一个以"让我们从好习惯开始"为主题的主题班会，帮助学生解决他们共同存在的学习问题。严格地说，这是对学生的学业指导，也不能简单地归于思想教育。

因此，我们认为主题班会在概念表述上应更加精确，突出主题教育的特点。我们在这里把主题班会解释为：主题班会是在班主任的主导下，全体学生共同参与、为解决班级或学生成长中存在的教育问题、围绕某个主题而实施的班级活动。这个表述突出了主题班会中的几个核心特质：

• 主题特征：主题班会要完成一个主题教育，具有明确的活动目标、活动计划，以及具体组织实施方式，不同于一般意义上的常规管理的班会。

• 主体性特征：老师在班会主题的选择和班会实施过程中起主导作用，但活动的主体是参加班会的所有学生，学生是主题班会的"主角"，不能本末倒置，把班会变成教师的"一言堂"。

• 目标与功能：主题班会的主题来源于学生的生活，针对的是班级中的现实教育问题，学生成长中所有具有共性的教育问题或话题都可以提炼为主题。主题班会的目标是促进学生的全面发展、个性化发展和可持续发展。

• 关键能力：主题班会可以理解为班主任主导下实施的一堂活动课，是班主任核心素养中的关键能力，是班主任教育艺术和智慧的集中体现。因此，主题班会也成为我们考察和评判班主任教育能力和教育素养的一个重要参照。

班主任主导实施下的主题班会能传达出关于班主任的很多信息：是否具有科学的教育理念？主题教育活动组织实施的能力如何？在主题教育方面是否具有丰厚的知识和素材积累，等等。当然，通过对一个班主任老师的主题班会的全程观摩，我们更能发现班主任老师的沟通素养、语言表达能力、对课堂的动态掌控能力，以及处理突发问题的教育机智等。

 小贴士

主题班会是判断班主任教育素养的重要参照

主题班会看似是一个简单的班级教育活动，其实，体现了班主任的教育智慧和教育艺术。主题班会也成为我们了解班主任教育素养的一个重要参照。多年来我进行主题班会的研究，看过大量的主题班会，也形成了我了解班主任、评价班主任教育能力的一个特殊路径。

我发现，那些教育素养高，教育的理论水平和实践能力都很出色的老师，他们的主题班会的设计理念也更加科学合理，班会的实施效果也更加出色。相反，透过那些有问题的班会，我们也总是能看到班会设计者在教育理念、教育艺术方面的欠缺。在班主任技能比赛中，通常先看到班主任选手提供的主题班会光盘，在现场情景问答和个人才艺展示的环节才能见到班主任本人。大多数情况下，班主任表现出的综合素养基本与我在看班会光盘后形成的初步印象相一致。因此，我们可以把主题班会视为班主任主导的一堂活动课，就如同一堂语文课之于一个语文老师，主题班会课是班主任的"课"，是展示一个班主任教育艺术和活动设计能力的"专业课"。

2. 主题班会与其他班级活动的联系与区别

按班会的主题性和功能性，我们通常把班会分成主题班会和常规班会。在常规班会上，老师常常会对前期的班级工作进行总结，或者对下一个阶段的班级工作做出具体的计划，有时还对学生提出具体的要求。还有的老师会利用班会召开家长会，以增强家长与学校的沟通和联系，更好地调动家长的教育力量等。

主题班会则是为了解决班级中的教育问题，在班主任的主导下，全体学生共同参与的、围绕某个主题而实施的班级活动。主题班会不同于常规班会，其主要功能不是常规教育和一般的班级工作部署、安排和总结，而是侧重于围绕主题对学生进行品格和心理教育，实现有效的价值引领。

按有无预先准备和计划，可以把常规班会分为固定班会和临时班会。固定班会通常在每个星期开一次。有的学校习惯把固定班会放在周一，也有的学校习惯放在周五，在这一天召开班会，解决班级存在的教育问题和管理问题。

临时班会是针对班级中的突发问题和临时活动而安排、组织的班会，主要目的是为这些突发事件和新问题做好计划与准备。例如，班级第二天组织夜游，或者第二天要召开运动会，学校突然发生了安全事件等，班主任都会召开一次班会来有针对性地解决问题或进行干预。临时班会与固定班会的不同在于它的偶发性和非计划特性。

我们可以看出主题班会和常规班会、固定班会之间是有区别的。它们在目标、实施方式、计划性等方面都有所不同，但是，它们之间也存在一定关联：在固定班会期间我们可以实施主题班会，在常规管理内容中可以借助主题班会的形式，进而提升教育效果。主题班会也可以采取灵活的方式，借助临时班会的模式，召开偶发主题的班会。

例如，学校发生了严重的安全事件，就可以围绕这个问题召开一次班会——"做自己的护花使者"，帮助学生了解自己日常生活中面临的潜在的安全威胁，提高自我保护意识，远离各种危险和伤害。这样的活动安排方式，抓住学生身边的安全事例作及时的强化和引领，不仅可以提升学生的安全意识，更可以借助真实事例增强他们的体验和感悟。

 小贴士

主题班会和少先队队会的区别

队会指少年先锋队队会。在小学,有的老师习惯把主题班会和队会合称为主题班队会,也就是说班会和队会是一样的,都是要对学生进行主题教育。但是严格说来,主题班会和队会还是有区别的。

程序和仪式不同:队会具有严格的程序和仪式,包括升队旗,唱队歌,行队礼,辅导员讲话。主题班会则没有这些仪式和程序,一般直接就可以切入主题。

组织者不同:主题班会的主导者是班主任,队会的组织者是大队辅导员。

任务目标不同:主题班会是为了解决班上的问题和学生成长发展的问题,更具针对性。队会除了要解决学生成长发展的问题以外,还要强化少先队员对少先队的热爱和归属感,进行爱队的教育。

主题内容不同:班会主题中政治类主题所占比重较小。队会的政治类主题比重较大,属于学校德育中的显性德育课程。

实施场所不同:主题班会一般在教室里进行,而队会选择的场所选择比较自由,可以借助参观纪念馆、革命圣地等活动场所,在教室以外进行。

总之,不管是队会还是班会,都是对学生进行教育引领的重要活动。从课程管理的角度来看,将二者的功能进行有机整合,在内容上进行相互补充,有助于提升德育实效性,实现全员育人。

队会具有明确的政治方向和价值导向性,可以通过主题队会,进行理想信念教育、革命传统教育和爱国主义教育,特别是配合革命传统教育等社会实践活动,可以把主题队会移至教室以外的实践场景中进行,这样在内容和活动形式上都可以与班级的主题班会形成有效的互补,进而提升协同育人的教育实效性。

二、主题班会的教育功能

学校的教育活动是多种多样的。按组织者和组织实施的方式可以分为学科教学活动和班级活动。总体上看，二者的目标是一致的，都是为了促进学生的全面发展、个性化发展和可持续发展。但是，二者之间也存在一定差异。学科教学中的活动尽管也关注情感、态度和价值观的目标，但从活动目标来看，更关注知识的学习和能力的掌握，而主题班会则是班主任设计和主导的、为解决班级中的教育问题的、有计划有组织的教育活动，是进行班级德育和心理教育的重要形式。

教学活动与班级活动的区分不是绝对的，从全员育人和课程育人的角度来看，教学活动更需要基于整体育人的理念，充分开发学科教学活动的德育功能，实现学科德育的育人目标。从另一个角度考量，班级活动也可以解决学生学业发展中的问题，例如，以促进学生学业发展为目标的主题班会不仅能激发学生的学业动机，有时还可以帮助学生解决学习中遇到的具体困难，帮助学生建立良好学习习惯等。与生涯规划和生涯教育相关的主题活动可以更好地激发学生潜在的求知欲望和学习兴趣，唤起学生学习的积极性和动力。

从功能上看，主题班会不同于一般的以常规管理为目标的固定班会和临时班会，它既要针对班级存在的具体问题，也要完成对学生进行品格和心理教育的任务，要实现对学生进行价值引领和人格培养的德育功能。作为面向全体学生的班级活动，主题班会是对学生进行自我教育的有效方式，可以逐步改变学生个体的认知态度，影响他们的价值观念，使他们形成不同的情感品质和意志品质，并最终改变他们的行为方式。

主题班会还具有较强的群体性教育功能。好的主题班会对班集体成员具有强大的情感感染力。一堂成功的主题班会不仅可以增强班级的凝聚力，也可以引领班级的集体舆论，形成良好的班风，实现班集体对每一个班级成员的"平行影响"。

主题班会的个体性功能和群体性功能不是截然分开的，两种功能有机地融于主题班会的育人过程中。主题班会在实现群体性功能时，也在通过集体活动和班级文化深刻影响并改变班级里的每一个学生。因为任何班集体建设，任何班主任带班计划最终都是为了每一个学生的全面发展和健康成长。总体而言，我们可以把主题班会的教育功能总结为以下几个方面。

1. 认识提升功能

从德育"知、情、意、行"的教育目标来看，道德认知是学生关于是与非、善与恶的价值判断，是学生道德情感、道德意志、道德行为发展的基础。主题班会聚焦学生品德发展中的个体道德和社会道德问题，通过学生感兴趣的活动形式，让学生掌握正确的是非观，正确理解人与人之间的关系，形成正确的人生观和价值观。主题班会不仅可以帮助学生澄清在道德常识中的模糊认识，也可以培养学生明辨是非的能力和自主选择的能力。因此，提升认识能力是主题班会的基础性功能。

案例：学会了解与尊重

班会背景

老师发现很多同学在和别人交流中经常以自我为中心，总是要别人听从自己的意见，甚至把自己的意见强加在别人头上，同学之间常因为小事情发生摩擦。老师想通过一次主题班会让大家体会尊重他人的意义，以及如何尊重他人。

班会目标

1. 让学生学会如何倾听他人的意见。
2. 让学生学会如何在尊重他人的同时，学会自主地判断和选择。

班会准备：

1. 准备四个颜色的纸盒，分别代表健康、财富、智慧和友谊，裱糊好备用。
2. 准备好纸板和彩笔。
3. 把学生分为五个小组。

班会过程

1. 老师展示四个纸盒，并告诉大家四个纸盒的含义：蓝色的纸盒代表智慧，让你具有聪明的头脑，解决所有难题。绿色的纸盒代表健康，让你拥有健康的身体，永远都不生病；黄色的纸盒代表财富，有永远都花不完的钱；红色的纸盒代表友谊，让所有的人都喜欢你，永远都不会寂寞。让学生自己在四个纸盒中选出一个。

2. 以小组为单位，交流自己选择的理由，倾听别人的意见。每个小组把自己小组的意见写在纸板上，再把纸板贴在墙上。

3. 五个小组分别派组内推选出来的代表，到讲台上总结自己小组的选择理由，和全班同学进行交流分享。

4. 再次选择：通过讨论和倾听别人的意见、建议，最后由学生再次做出选择。在老师发的卡片上完成选题：A 我的想法不会改变。B 我的想法会改变，因为_____。

5. 老师发言：同学们，今天的活动结束了。我想大家一定按自己真实的想法而且经过深思熟虑后做出了选择。大家通过今天的活动体会到什么？有什么特别的感受呢？（可让学生回答）我想你们通过讨论不仅明白了这四种礼物中什么是对我们最重要的，而且也会发现，每个人都有自己不同的想法，别人讲的也很有道理。我们不应该总想说服别人，让别人接受我们的观点，我们还得学会倾听，学会尊重别人的意见。

案例评析： 本活动设计主要想借鉴价值澄清的方法，由学生经过充分的讨论和交流，自己做出选择。这个过程中学生的体验是深刻的，他们在倾听别人的主张时，也在不断审视自己的观点。改变了想法的学生和坚持自己最初选择的学生都有了认识上的提升。

这个活动的另一个目标还在于，通过活动让学生体会到每个人都有自己的不同的想法，要学会尊重他人的意见。尊重他人的意见也是一个人修养的体现。

2. 行为规范功能

主题班会可以对学生中存在的具有普遍性的行为习惯等问题进行有针对性的教育。主题班会的教育不是以强制、灌输的方式来告诉学生"必须怎么做"，而是给学生体验的空间和自主选择的机会，让学生去体会"为什么要这样做",是对学生的循循善诱,是一种潜移默化的影响,是有效的自我教育。另外,主题班会通常采用体验或讨论的活动形式,在这个过程中,学生们通过切身的体验常常能产生强烈的情感共鸣,从而激发学生的道德动机,实现道德移情。

案例:关爱生命,安全出行

班会目标:

通过召开"关爱生命,安全出行"的主题班会,使同学们借助生动鲜活的案例和积极有效的互动,进一步增强交通安全意识,自觉遵守交通法规,提高自我防范能力,积极宣传并真正实践交通安全理念,有效地防止安全事故的发生。

班会过程:

1. 调查数据凸显交通安全隐患。

播放交通事故视频短片《坐在篮球里的女孩》,展示出行方式随机调查的资料短片,初步使同学们切身感受到,在所有的安全隐患中交通安全占有相当大比重——现在的交通状况并不乐观。

2. 寻找、发现身边的交通安全隐患。

展示交通安全事故造成伤亡的数据,明确交通安全隐患就在我们身边并且无处不在,随时都可能对我们造成伤害。同学们自由交流生活中所看到的、感受到的交通安全隐患,初步认识到遵守交通规则的必要性和重要性,树立交通安全意识。

3. 观看交通安全案例,直面交通安全事故的危害。

播放有关安全事故的资料短片,展示发生在身边的交通安全事故及相关统计数据,使同学们深刻地感受交通事故的严重危害性及交通安全的重要性。

4. 深入讨论交通安全的必要性,树立交通安全意识。

学生交流观后感受并结合自己的实际谈应该怎样遵守交通法规,切实提高自我保护能力。

5. 接受交通安全知识的宣传。

由交通大队的工作人员给同学们讲解常见的交通标志含义以及该怎样

遵守交通法规，使同学们由感性的交通安全意识上升到理性的、专业的交通法规的操作。

6. 提出倡议，强化交通安全意识。

同学们描绘规范的交通秩序下人们幸福生活的美好情景，并由此倡议大家从我做起，从现在做起——严格遵守交通规则，积极实践交通法规。强化学生的交通安全意识、实践交通安全理念。

7. 献计献策，建言交通安全。

以学生的视角为交通安全提出建议，促使同学们关注交通，由此培养学生关注社会的责任感和使命感，进一步深化和升华本次班会的主题。

8. 班主任总结。

老师针对交通安全的现状和危害程度以及同学们安全意识的形成过程进行总结。指明现在的交通安全隐患是由多方面原因导致的，需要全社会积极行动，号召同学们从现在做起，遵规守纪，加强自我防范意识，时刻树立安全第一的交通安全理念，积极宣传并真正实践交通安全，有效地防止安全事故的发生。

（案例提供者：沈阳市沈北新区新城子街第二小学　甘英伟）

案例评析： 这个班会在设计上把班级常规管理中安全教育的内容，通过主题班会的形式来完成，通过活动参与和教师引领的方式，使枯燥的安全教育问题引起学生浓厚的兴趣，丰富了学生的安全情景体验，提高了学生的自我保护意识，进而提升了班级常规管理的实效性。

3. 价值导向功能

主题班会的价值引领功能是通过围绕主题的教育活动，让学生明辨是非，学会做出正确的价值判断，并通过有针对性的问题辨析，给学生正确的方向引领，帮助他们树立正确的人生观、价值观，以及和未来生活相关的理想信念。主题班会的价值导向不是强制灌输，不是生硬的说教，而是通过价值澄清方式和道德问题情境的创设，帮助学生在外在价值教育引导的基础上，实现价值观和理想信念的自主建构。

案例:"文明于心　行胜于言"——让文明驻心中,做更美小公民

班会目标

1. 知识与技能:懂得文明素养是一个人的立人之本,知晓公民的基本道德规范并能在生活中积极实践。

2. 过程与方法:通过两则"让座"事例对让座者和被让座者的讨论,培养学生思辨能力和表达能力,帮助学生理解文明行为背后的内涵。通过文明树的建立,让学生在自省与思考中,对自己的行为进行调整。

3. 情感态度价值观:弘扬社会主义核心价值观,理解友善的内涵即人与人之间的理解、体谅与关爱,增强校园主人翁意识和社会责任意识。

班会准备

1. 同学们拍摄校园中自己认为很美的画面。

2. 课前通过问卷调查的形式进行"校园最不文明行为"评比,并初步形成文明公约。

3. 编排"让座"小品。

4. 收集多媒体视频信息,如关于让座的新闻、公益广告等。

5. 制作多媒体课件。

班会过程

1. 导入:我心中的美丽校园(滚动播放学生拍摄的画面)。

师:看了画面中的校园,你有什么感受?(学生回答)

师(总结):在同学们拍摄的照片里,我看到了宁静的校园、热闹的操场、整洁的教学楼、花园里的树木、友善的同学,仿佛朗朗书声也飘至耳边。在每个同学眼中,校园的美都是不一样的;这每个细节背后,无不流露出校园的主人们对校园一草一木的珍惜、对师长同学的友好、对学习环境的保护,无不体现着中学生的文明素养。

出示课题:文明于心,行胜于言——让文明驻心中,做更美小公民。

2. 实话实说。

师:我们的校园郁郁葱葱,环境优美,我们的同学风华正茂,朝气蓬勃,但在这美好的氛围中,我们也会看到这样不和谐的画面,大家来看一看。

（1）用图片呈现校园中的不文明行为。

（2）公布"校园十大不文明行为"评选结果。

师：你对哪个画面感触最深？（学生回答）

师：那我们怎么做才是正确的？（学生展开讨论）

师：同学们都说得很好。这些不文明行为令我们反感与厌恶，因为它们破坏了我们生活环境的和谐，给他人造成了不便。作为校园的主人、社会的小公民，我们的一举一动，不仅和自己有关，也会影响身边的人，甚至影响公共利益。

3.直击现场。

师：坐公交车，可以说是我们每个人都经历过的事。我们请四位同学为我们带来小品《让座》，在公交车里，他们是如何让座的呢？大家掌声鼓励！

现场一：小品表演《让座》

思考：

（1）你认为哪些是文明行为，哪些是不文明行为？说说你的理由。

（2）在公交车上，怎样才是一个与人为善、合格的小公民该做的呢？

（3）我们国家为什么要设立老弱病残座？如果没有老弱病残座，我们又该怎样做呢？

（学生交流讨论）

师：老弱病残座，是国家为了弘扬乐于助人的社会美德，规范市民乘车秩序，为有困难的人解决当下困难而设计的。不论有没有这个座位，对每个公民来讲，有序乘车，为有需要的人让座都是应尽的社会责任，这是一个人的文明素养。

现场二：公交车上（新闻链接）

沈阳女孩小朱跟母亲乘公交车去购物，小朱低头玩手机，突然听到有人说，"老人有心脏病，你给让个座呗？"小朱抬头看，一位70多岁的老大爷站在她前方，于是缓缓站起来让座，嘴里嘟囔着，"怎么这么多人偏让我让座呢，什么意思？"

老人已经坐下，旁边的一位女士（老人儿媳妇）反问："怎么的？让你让座你还不愿意啊！"随后伸手打了小朱一巴掌。小朱母亲为其争辩，并与打人者发生冲突。老人说，小朱母女先出言不逊。

有几名乘客一声接一声喊着，"我做证！我也做证！""看监控录像！"有的乘客指责打人者，最后大部分乘客下车，只留下7名乘客为被打者做证。

思考：

（1）你如何评价新闻中女孩的行为？

（2）你如何评价老人的行为？

（3）老人儿媳认为女孩不愿让座，对她进行了如此"教育"，你觉得这是文明的行为吗？

（4）你如何评价乘客们的言行？

（学生热烈讨论）

师：文明是美德，应该是主动的行为，但却不是强迫的。文明，不只表现在一个人的行动上，更是一个人内心友善的体现。友善是我们与同学、师长之间，我们与父母之间，甚至我们与陌生人之间能彼此尊重，理解对方的处境与需要，互相关爱，这是公共生活中最令人温暖的元素。

4.文明于心。

师：当文明的意识走进你的心里，就要用实际行动来证明。在我们身边，在我们的生活中，文明到底表现在哪里呢，我们做得如何呢？让我们进入下一个环节——文明树。

（1）请同学们将自己最典型的不文明行为和最值得倡导的文明行为分别写在两张纸上（分别写上名字）。

（2）交流与讨论：小组同伴分享自己的思考（可以匿名，也可以随机抽出分享）。

（3）将不文明行为放在净化箱内，将文明行为贴在文明树上，贴之后进行内容分享。

师：文明，既需要我们每一个人自省，也需要我们相互提醒和督促，希望同学们的不文明行为随着净化箱的洗涤成为历史，让文明树枝繁叶茂，硕果累累。在此，我们呼吁大家以文明为己任，从现在做起，从自身做起，心动不如行动，让我们进入下一个环节——心即行动。

5. 行胜于言。

（1）身边的正能量（展示身边的文明行为、道德模范）。

（2）齐诵文明公约。

师：根据我们课前对校园十大不文明现象的回顾，形成了文明公约，结合本堂课对文明的深入讨论和思考，还有什么可以修改和补充的吗？

（形成倡议，课后公示）

6. 视频展示：公益广告《文明，是一种力量》。

师总结：你们是家之学子，国之未来，我们每一个人都可以为这个社会的美好、和谐点亮一盏灯。随波逐流并不难，难的是坚持自己；知道文明与规范不难，难的是将内心对自己的文明要求践行在生活中。老师希望同学们是照亮黑暗的灯，是文明树上迎风飘扬的那片叶子，希望我们的班级是带来绿色与文明的希望之树。一棵树木虽然不能从根本上改善周围的环境气候，但是一片森林定能带来一片晴朗的天空。

（方案提供："国培计划"北京教育学院班主任培训班学员

陈海鸣　顾伶君　刘兰兰等）

案例评析： 主题班会"文明于心　行胜于言——让文明驻心中，做更美小公民"的选题来自社会主义核心价值观中的"文明"这个"德目"。方案紧紧围绕着培养学生文明行为和文明风范的目标，以多种活动形式深化学生的体验和感悟。在活动设计中也充分发挥了学生的主体性，活动内容贴近真实生活，活动形式具有较强的交互性，促使学生在活动中深入思考，鼓励他们做出自主选择，进而实现本活动倡导文明风范、做有文明素养好公民的方向引领，充分体现了主题班会的价值导向功能。

本班会的亮点在于，班会的目标以"认知"目标为主，但不是灌输说教，而是让学生自己得出答案。班会的创新之处在于，在认知目标完成的同时，充分关注行动目标的实现，让学生不仅遵从、认可和接纳社会文明风尚，而且在生活中自己力所能及的范围内，做文明人、行文明事。

4. 情感感染功能

主题班会因为有学生的广泛参与，并且学生在活动过程中有自己的切身的体验和感悟，所以主题班会能够触动学生的心灵，引发他们情感的共鸣，激发他们的道德情感，进而促发道德移情的产生。同时，因为主题班会是全体同学共同参与的活动，同学之间的情感体验也更容易传递和分享，积极的情感体验也会在群体中形成感染效应，有助于营造良好的情感氛围，达成培养良好情感品质的活动目标。

案例：感恩的心

班会背景

高二很多学生经常反映他们和家长越来越难以沟通，在家长眼中只有学习，其他的问题一概免谈。家长们的反映是，孩子越来越难带，很难和他们交流，在交流中不是沉默不语，就是说有代沟，无法沟通。随着彼此交流越来越困难，彼此的隔阂也越来越大，互相渐渐变得生疏起来，这种状况造成学生在学习和生活中产生了焦虑，又没有倾诉的对象，从而导致了一些品行和心理的问题，因此决定开一个以感恩父母为主题的班会。

班会目标

1. 拉近学生与父母的距离，使之相互了解。
2. 使父母和孩子有个沟通的机会。
3. 为今后的交流搭建一个平台。
4. 建立和谐的家庭关系。

班会准备

1. 学生活动。让学生收集和父母有关的感人故事，让他们初步预热。要求学生给家长写一封信，信中要表达真诚的期待和祝愿。

2. 家长活动。让家长回忆和孩子的感人故事，寻找幸福的回忆。请家长给孩子写一封信，信中要表达真诚的期待和祝愿。

3. 教师活动。对孩子家庭的情况进行调查：一方面，对学生进行调查，了解学生对家长的态度、了解、希望等，使班会的目的性明确，有的放矢。

另一方面，对家长进行调查，向家长询问孩子的表现，掌握家长和孩子彼此了解的情况，希望彼此能够沟通的方面。

给家长发家长信，说明此次教育活动的重要性并取得广大家长的支持。

班会过程

第一部分：引入主题

今天是什么日子？我们应感激谁？我们最应感激谁？

请学生回答下列问题：

（1）你知道父母的生日吗？

（2）你知道父母爱吃什么吗？

（3）你知道父母的鞋号吗？

（4）你知道父母的兴趣爱好吗？

（5）你知道父母最近的心情如何吗？

第二部分：真情感动

通过播放时评短片《麦兜的故事》，让孩子和家长互相了解彼此不愿袒露的心声，体会大爱的无声。通过学生和父母的眼神交流，观察他们感情的变化。

第三部分：同学心声

同学们通过观赏视频短片，用真诚的语言表达自己的真情实感。语言虽然有些稚嫩，但是表达了学生的心声，感染了老师、家长，也感染了同学，使主题渐渐深化。

第四部分：我们已经淡忘的记忆

主持人：孩子是父母爱的结晶，不仅寄托着父母的爱，更寄托着父母的希望，希望孩子健康、漂亮、比他们更强。

牵着父母的手，仿佛是很遥远的事，可能我们都已淡忘了。还记得小时候过马路时，父母紧紧地牵着我们的手；在公园玩耍时，我们开心地牵着父母的手。

幼儿园放学了，小手抓着栏杆盼着，"妈妈，怎么还不来接我"，听到一声"宝宝"，一头扑进妈妈的怀抱，搂着妈妈的脖子哭了，但心中是那样温暖。

上小学了，每天上学前父母都会叮嘱"把作业带齐""要听老师的话"……每天睡觉前，父母都会问"作业写完了吗"……

学生集体诵读《增广贤文》"羊有跪乳之恩"：

小羊跪哺　闭目吮母液
感念母恩　受乳恭身体
膝落地　姿态如敬礼
小羊儿　天性有道理
人间孝道　及时莫迟疑
一朝羽丰　反哺莫遗弃
父身病　是为子劳成疾
母心忧　是忧儿未成器
多少浮云游子梦　奔波前程远乡里
父母倚窗扉　苦盼子女的消息
多少风霜的累积　双亲容颜已渐老
莫到忏悔时　未能报答父母恩

第五部分：听老师讲故事

老师：前年，苏州，一个小姑娘和她的妈妈争吵。妈妈对女儿说："孩子呀，你都上高中了，妈妈下岗，给人家做清洁工，一个月才800块钱，你考试考这么少的成绩，妈妈多难过。"女儿说："妈妈我不是故意的，我不就是马虎了嘛。""孩子，妈妈如果马虎了，人家一分钱也不给呀。"没想到女儿把门一摔，就离家出走了。

妈妈发动家里的所有人去找，但是没有找到。晚上八九点钟了，小姑娘一个人走在江边，又冷又饿，心中还记恨妈妈，所以不想回家。她走到一个饭馆旁看到人家吃东西就停下来，眼泪汪汪地站在那里，饭馆老板看见小姑娘可怜，就端了一碗面条给她，说："孩子，是不是跟家里吵架了，是不是饿了，把这个面条吃了，赶紧回家吧。"小姑娘接过面条，狼吞虎咽地吃了，然后扑通一声给那个老板跪下了，"老板，你是我的恩人，我要感谢你，你比我的妈妈好多了"。

老板听了以后说:"孩子,就凭你这句话,这碗面我就不应该给你吃呀,我们俩素不相识,你连我姓什么叫什么都不知道,我不过给了你一碗面条,你就这样感谢我,你妈妈把你从小养到这么大,吃了那么多苦,你怎么不感激你的母亲呀?"孩子恍然大悟,跑回家,看到妈妈晕倒在床上。正所谓,儿行千里母担忧,母行万里儿不愁。同学们,你们要好好地孝敬父母,不要让人家说,可怜天下父母心。

第六部分:父母心声

观看一段视频,通过一个老者的叙述,让同学们了解父母上了年纪,会做出一些我们不能理解的事情,而我们不经意间说的话、做的事会给父母带来很大的心灵伤害。

第七部分:互诉心声

同学们的发言代表了大家的心声,说出了在家长们面前说不出的话,那就是感激与抱歉。

第八部分:爱的表达

老师组织同学们面对爸爸妈妈站立,拉起他们那双饱经沧桑的手,重新感受那已经淡忘的亲情。

第九部分:重温母爱

最后,在一曲《母亲》的歌声中,在场的每一位同学都重温母爱。

老师:我们要用我们真挚的爱,感谢父母,感谢曾经关爱我们的人!

(案例提供者:北京第19中学　李永国)

案例评析: 班主任对主题班会做了充分的准备,对主题进行了较为深入的思考,在设计理念上抓住了"体验"和"感悟"的核心,所选择的素材和实例都很典型,所实施的活动体现了贴近学生日常生活的原则,调动了学生的参与热情和兴趣,增强了学生对父母养育之恩的体会和认识,起到了情感感染的作用。

班会在设计时还充分考虑到了父母教育角色的介入,把主题班会作为增进家长和孩子情感联系的载体,较好地实现了情感教育的目标。

5. 动机激励功能

主题班会除了有强大的导向功能外，对学生还会起到一定的激励和鞭策作用，帮助学生在挫折和困难面前保持积极的心态，理智看待学习和生活中的各种困难。例如，以"我的青春我做主"为主题的班会，通过让学生了解青春期个体生理和心理发展的特点，可以帮助青少年学生正确地了解青春期自己所面临的人生发展课题，同时也可以激励青春期的学生珍惜时光，努力学习，正确处理男女生关系，自主解决青春期的烦恼。

案例：每一朵花都有盛开的季节

班会背景

初一第一次期中考试后，学生及家长都拿现在的成绩跟小学时的成绩比较，个个失望至极，整个班级笼罩着一股悲观失望的沉闷气氛。

班会目标

使学生和家长明白小学和中学的不同之处，明白学习的意义不仅是分数和排名，每一个人都有自己的才能，都能对社会有所贡献，以扭转班级中消极悲观的气氛。

班会准备

1. 邀请此次排名在班里末五名的学生家长参加。
2. 准备几本心形百事贴，届时每人发一张。
3. 布置一扇花墙：用卡纸剪出各种花朵的形状，贴成一棵大树。
4. 每个学生准备一张一寸相片。
5. 黑板上板书"天生我材必有用，人人都是小行家"，但把后半句"人人都是小行家"用纸蒙住。

班会过程

1. 引用名句，解开心结。

师：同学们，黑板上的这句话我们都很熟悉，一起来读一遍。

生（响亮地）：天生我材必有用。

师：很好！谁来说说你对这句话的理解？

生：老天给每个人都赋予了才能。

生：每个人活在这个世上都是有用的。

生：无论什么时候都要坚信自己是有用之人。

生：还有每个人的才能都不一样的意思。

师：说得好！每个人都是有用之才，区别仅在于作用大小。做不了大树，就当一棵小草；做不了伟人，就当一个平民。当英雄走过的时候，总要有人在路边鼓掌欢迎。这样，世界才是和谐、美好的。

现在，我请同学们、家长们帮我把这句诗的下一句续完。

生（齐声）：千金散尽还复来。

师：这是李白的原句，我想听你们的心声。

（学生面面相觑，不知该如何回答。教师把黑板上的纸揭下，全场哗然。）

师：同学们，家长们，从我们踏进校门开始，听得最多的就是考到第几名啊，看到最多的就是前十名上台领奖的情景。这些无形的压力，使我们从不敢往后看。然而，事实是有排名就有先后，不可能人人都是前十名。但是，学习的意义仅仅是排名吗？

生：我们在学校里除了学习书本知识，还应学习怎样与人交往。

生：我们还要学会关心别人。

生：我们还有体育课、音乐课、美术课，这些科目不用排名，但却能展现我们的才华。

师：说得好。那你们谁能举个例子来说说上学时考得差，长大了却对社会有着卓越贡献的人？

生：爱迪生。小时候被称为笨蛋，连老师都不愿教他，最后成了大发明家。

生：爱因斯坦。小时候动手能力非常差，长大后却成了伟大的科学家。

生：还有英国首相丘吉尔、美国总统布什，上学的时候成绩都不怎么好，长大后都成了政治家。

师：这些人声名显赫，很多同学会觉得离我们太遥远，高不可攀。能举一些更贴近生活的例子吗？

生：台湾音乐人李宗盛。读书时他让妈妈伤透了脑筋，现在成了流行音乐的巨人。

生：还有周杰伦，也没上过大学。

师：很好。能再近一点，你的身边有这样的人吗？

生：有。我叔叔就是这样的人。他没考上大学，就在家乡种了一片脐橙，现在成了县里的脐橙大户，还受到县委书记的接见呢！

生：还有我爸爸。他说他小时候上学挺认真的，可不知为什么就是学不好，大家都说他笨。可现在，我们县30%的挖掘机、铲车都是我爸的。

生：我姑姑。小学三年级就读不下去，可她会炒菜，现在她每个月的收入可高了。

2. 找回自信，扬帆起航。

师：刚才我们举了那么多例子，谁能找到他们成功的共同点呢？我想先请一位家长回答。

家长：我个人认为是他们都找到了自己的最佳才能区。

师：对。因为他们找到了自己的最佳才能区，并把它发挥好了，所以他们都成功了。现在，请每一位同学撇开分数排名，找找自己的最佳才能区，也许今后就凭它成就一番事业呢。

（分发百事贴，学生和家长都写。）

师：现在，我们来做一个游戏。请五位家长把百事贴放进讲台上的盒子里，我随意抽取一张朗读，请同学们根据纸条内容猜猜写的是谁。

师：（读纸条）"亲爱的孩子，小学时我常说你的学习这么差，我的心都碎了。天真的你竟跑过来说，妈妈，我帮你把碎了的心粘好。现在想起来你是高情商的孩子，你一定会成功的。"

生：罗小航。

（罗小航眼里闪着泪花。）

师（读纸条）："孩子，你最擅长修理电器。上次我的电动车就是你帮我修好的，谢谢！"

生：苏亮。

师（读纸条）："亲爱的女儿，我们家的桌布、枕套都是你绣的，亲友们都夸你心灵手巧呢。"

生：李雨子。

师（读纸条）："儿子，前段日子我发现你竟然可以用英语跟外国网友聊天了，要知道你才刚刚学英语啊。你有超人的语言天赋。"

生：周力。

师（读纸条）："你总能用简单的几笔就把人物勾勒得活灵活现，很有漫画家朱德庸的风范哦。"

生：张剑。

（游戏做完，学生和家长都哭了。）

师：现在，我们请这五位同学一起读一下黑板上的两句话。

（五位学生昂首挺胸地站起来，读得铿锵有力。）

3. 教师总结。

师：同学们，家长们，长期以来，人们总是把目光放在分数上，却忽略了学生的个体差异。世界上的花有千千万万种，开花的季节各不相同，但是每一朵花都有属于自己独有的那份美丽，每一朵花也一定会有开放的季节。请每一位同学在百事贴上写下黑板上的这句话，再站起来，大声读出这句话，把你的照片和百事贴贴到教室后面的花墙上去。让我们在美妙的音乐声中结束今天的班会！

（案例来源：《中国教师报》 作者：彭玉英）

案例评析：这是一个设计缜密、构思巧妙、目标指向明确的主题班会案例。针对考试后学生成绩不甚理想、情绪低落的现实，设计了这样一堂以调节学生学业情绪、激发学生学业动机为主题的班会活动，达到了让学生自我激励的目标。班会让学生在分享、讨论的过程中获得了深刻体验，并在交流中分享了彼此的感受，重新获得了信心，提升了自我效能感。班会还借助了家长的力量，充分调动了家长参与学生教育活动的热情。这个主题班会既关注了偶发事件，体现了班会的时效性，同时也从学习动机激发的视角解决了深层的学习问题。

不足之处就是整个活动中，教师"导"的分量重了一些，学生主体性的发挥稍嫌不足，特别是在讨论的环节，如何让更多的学生参与到活动中来,提升活动中学生之间的交互性,是班主任要关注的问题。

6. 精神凝聚功能

主题班会是面向全班、由全体学生共同参与的集体教育活动,因此,主题班会也必然具有群体性的教育功能。在班级活动中学生彼此分享经验,会达成关于某一问题的共识。同时,因为每个人的个性特点不同,每个人的观念和思想不同,活动过程中也必然伴随着彼此观念的冲突,价值判断的抵牾,甚至会产生矛盾冲突。而学生作为班集体的一员,在表达个人诉求的同时,也要考虑维护集体的荣誉、遵从集体的组织原则。

因此,主题班会也是培养学生合作能力、增强学生团结协作意识的重要途径。一次卓有成效的主题班会,在增进学生彼此了解、相互学习的同时,也会在活动中加深学生对集体的理解,强化他们对班集体的依恋和热爱,从而推动良好班风的形成,使班级成为一个优秀、文明、集体荣誉感极强的班集体。

案例:盲人方阵

班会目的

1. 知道领导作用在实现团队目标中的重要性。
2. 认识策划、组织、协调是实现目标的重要手段。
3. 了解有效的沟通是实现团队目标的必要条件。
4. 体会到必要的沉默也是实现团队目标所必需的。

班会准备

4根长绳、眼罩40个(与全队人数同)、交流板、笔。

班会过程

一、体验

1. 分组。

将学生分成4组,每组队员10人,观察员1人,裁判2人,摄像摄影2人。

2. 布置任务。

这是一个团队合作项目，叫作盲人方阵。全队人员戴上眼罩，在不可视的情况下将一段绳子拉成一个全封闭的、最大的正方形摆放在地上，8个队员相对均匀地分布在四条边上。在测量没有完成之前不许解开眼罩。

3. 宣布规则。

（1）队员规则：

- 活动进行中，所有的队员必须戴着眼罩，并且不得偷看；
- 达到目标后向观察员大声示意，等到测量结束后才能摘去眼罩。

（2）观察员职责：

- 提醒并防止队员相互碰撞，安全监控，排除危险情况；
- 制止违规现象，防止队员在项目进行时偷看；
- 观察队员是否积极参与，是否能进行有序地沟通，观察是否有人发挥核心作用，观察其他队员是否积极配合，观察是否有队员游离在活动之外，观察队员的意见被否定后的表现。

（3）裁判员职责：

- 宣布活动规则；
- 监督活动过程，掌握时间，每五分钟提醒一次；
- 活动结束后进行测量。

（4）裁判进行评判。

二、分享

1. 队员反思。

（1）你认为本队成功的经验是什么？

（2）你认为本队失败的教训是什么？

（3）你认为本队的核心是谁？

（4）怎样做一个好队员？

（5）你的收获是什么？

（6）结合体会为本次活动设计一个名称。

2. 同组分享。

三、整合

1. 对你最有启发的是什么？
2. 你认为哪个组的活动名称最好？
3. 如果重来一次，你会有什么改变？

四、运用

班主任总结发言并以问题引领：本次活动给你哪些活动以外的体验？

（案例提供者：北京市第 55 中学　李梦丽）

案例评析：本次班级活动是一个典型的体验活动，活动场所也选择了户外。活动主要通过切身的体验，让学生感悟相互合作的意义，让学生更加直观地感受到集体的力量来自大家的相互协作。这种活动设计方式，不仅可以提高学生参与活动的兴趣，而且可以通过体验活动，引发他们对团体协作意义的思考。

本方案的亮点还在于班主任的总结发言的设计，作为面向高中生的主题班会，考虑到学生自主判断能力和抽象思维能力的提高，班主任在主题班会的总结中不必宣讲大道理，可以提出问题，引发学生的思考，让他们自己得出答案。班主任让学生自我反思和总结的方式很有创意。

本次体验活动之后可以再设计一次主题活动，作为本次活动的延伸，让学生充分交流和分享活动中的感受和体会，进一步巩固本次活动的教育效果。

三、关于主题班会功能定位必须厘清的问题

通过以上对主题班会的概念解读和功能分析，我们可以初步确定主题班会这种特殊班级教育活动的基本特征。我们应该从以下几个方面更加准确地厘定主题班会的概念和功能：

- 主题班会不是班级的联欢会，而是围绕一个主题实施的、需要达到

一定教育效果的教育活动。所以，不能把主题班会变成表演秀。

- 主题班会不同于班级的常规班会，而是为了完成主题教育而实施的特殊教育活动，要充分凸显其教育功能。因此，班主任在设计主题班会时，尤其要关注活动的设计和活动的计划性。
- 主题班会不是班主任的"说教课"，有其特殊的活动要求。要创新活动形式，充分发挥学生的主体性，不能把主题班会演绎成活动外衣下的文化知识"灌输"。
- 主题班会要摒弃那种追求"大场面"和"轰动效应"的设计思路，要让主题班会回归常态化，成为简便易行、不必兴师动众就可以轻松实施的常态化教育形式。
- 主题班会是班主任主导下的班级教育活动，是班主任展示自己教育理念和教育艺术的"专业课"。班主任要加强对主题班会的研究，不断提升主题班会的设计理念和实施能力。

总之，对待主题班会，既不要采取简单化、随意性的处理方式，也不要对主题班会做过度的解读。班主任要有这样的底气和自信：抛弃一切繁文缛节和僵化窠臼，只要主题班会的目标明确，有鲜明主题、有教育效果，形式新颖，学生愿意参与，就一定是优秀的主题班会。

第三讲

诗外功夫：主题班会设计与实施的科学理念

问题导引：

- 主题班会的教育效果与班主任的教育理念之间有何关系？
- 主题班会的设计理念对主题班会有哪些方面的影响？
- 怎样给德育准确定位？应该把德育看成是怎样一个过程？

一节好的主题班会究竟取决于哪些因素的影响？换言之，班主任在主题班会的设计与实施中应该着重做好哪些方面的准备？主题班会通常被认为是班主任综合素质和教育实践智慧的集中体现。从一个班主任老师实施的主题班会中，我们可以更具体地洞悉该班主任的教育理念及其对班主任工作本身的理解。因此，主题班会也成为各种形式的班主任风采展示和技能大赛的必赛内容。

　　苏轼在《诗论》中曾有这样的论述："汝果欲学诗，功夫在诗外。"意指人们在诗歌写作中，不要仅仅囿于诗歌本身的学习，不要把诗歌的写作狭隘地理解为音律、辞赋的技能堆砌。优秀的诗歌一定是经过锤炼和长期积淀的作品。优秀的诗人不仅要有出色的文字语言功底，更要有深厚的文化修养和生活积淀。杜甫也曾用"两句三年得，一吟双泪流"来描摹自己在诗歌创作中的生活积淀和真情投入。诗人的创作是这样，主题班会的设计与实施也是如此。

　　设计和实施有效的主题班会也需要班主任的"诗外"功夫。所谓主题班会的诗外功夫就是不断学习，努力提升自己的教育素养，掌握先进的教育理念，不断创新主题班会的实施方式。

　　表面看，主题班会似乎只是班主任的一项应知能会的简单技能，但是，我们透过班会的表象还是能够看到其中所隐含的教育理念。当前，很多班会设计与实施中存在的问题最终都可以归结到深层的设计理念的层面。

第三讲 诗外功夫：主题班会设计与实施的科学理念

一、科学理念对主题班会设计与实施的影响

理念是一个人观念和思想的总和。一个人有什么样的思想意识决定了其活动方式和行为选择。对班主任而言，科学的教育理念是决定主题班会质量的最重要的因素。班主任的教育理念决定着班主任怎样理解德育的本质，如何看待班会中的师生主客体关系。

具体而言，科学的理念在主题班会设计和实施中的作用可以概括为以下三个方面：可以避免方法上的强制与灌输；可以保证主题班会切实发挥学生的主体作用；可以最大程度地杜绝主题班会组织中的"新形式主义"——假借活动之名，行灌输之实。

很多主题班会沦为形式主义的"表演秀"，究其根源是活动背离了"教育即生活"的基本理念。学生的生活世界是教育的逻辑前提和出发点，这意味着必须关注学生的需要、诉求和乐趣。不管是教育者津津乐道的"有的放矢"，还是被老师们奉为圭臬的"因材施教"，都必须依据、遵从学生的诉求和兴趣这个前提。主题班会如果忽视了学生的兴趣，远离了孩子的生活，以成人的视角和教育意愿为出发点，这样的活动不仅不会被学生接纳，最终学生会因为这些违背他们天性，同时也背离教育规律的活动，而改变他们对班级教育活动的理解——他们会从心里抵触这些他们毫无兴致的活动，甚至强烈拒斥任何试图影响他们的一切教育活动。

美国当代著名道德教育研究学者诺丁斯提出的关怀理论的课程体系或许能给我们的问题讨论以一定的启示。诺丁斯在关爱教育的课程体系里提

出了实践课程体系的整体架构。①课程体系的起点是"自我"。诺丁斯认为，一个关爱自己的人才会爱惜别人。要想培养有关爱能力和关爱情怀的人，课程从物像的关系上，必须是从具体到抽象；从空间的特性上，应该是从近到远。

在诺丁斯看来，一个有关爱能力和关爱情怀的人首先要学会关爱身边的人。一个真正懂得关爱、善于关爱的人，要先关爱具体的动植物，最终才会具有关爱的品格。人的关爱之心和友善情怀都是教育中潜移默化形成的，是循序渐进的过程。关爱之心是如此，人的其他个性品格的培养也是如此。

- 对自我的关怀
- 对亲密的人的关怀
- 对远方的人和陌生人的关怀
- 对动物、植物和地球的关怀
- 对人造世界的关怀
- 对思想的关怀

诺丁斯的课程体系

上面这张照片中国外的"动物专用通道"就充分体现了诺丁斯的教育理念。这条专为松鼠划定的"专用通道"不仅彰显了国外动物保护组织关

---

① Nel,Noddings, The Challenge to Care in Schools, Teachers College Press, 1992, p.47.

爱动物、敬畏生命的境界，也反映了国外社会德育的先进理念——不仅以成人的榜样做示范教育孩子要关爱动物，更通过这种隐性德育环境的营造，达到了环境育人的教育功效。孩子从小在这样的氛围下长大，在耳濡目染下他们就会逐渐形成关爱的品质和情怀。

而我们现实的主题教育恰恰把诺丁斯的课程体系颠倒了：很多的主题教育往往是从抽象的思想开始的，培养学生关爱的情怀和能力往往是让他们先学会关爱远方的陌生人。我们的价值教育不是贴近生活，从小处着眼，讲究实效，而是目标过高，主题过大，内容空洞，实效低迷，形成了价值教育"高""大""空"的积重难返的局面。

我们要从观念上彻底摈弃道德"灌输"，真正体现德育过程的主体性。以科学的理念指导班会的设计与实施过程，有助于我们旗帜鲜明地反对主题班会中的道德灌输。道德的强制与灌输不仅有悖于德育过程的本质，导致学生对学校德育的排斥与逆反心理，也极易导致学生人格的两面性。德育过程的主体是学生，只有调动学生对德育活动过程的兴趣，激发他们的内在动机，才能使学校的德育过程成为外在价值引领与学生价值自我建构的统一，实现德育过程从他律到自律的实质性转变。

用科学的理念指导班会的设计与实施，有助于我们研究学生态度改变和行为发生的内在机制。在主题班会的设计与实施中，如何激发学生的道德动机，唤起学生情感的共鸣是班主任需要优先关注的问题。

二、和主题班会设计与实施理念相关的三个理论议题

教育理念是一个宏大的主题，涉及教育者对教育本质的准确把握、对学生发展内容与任务的全面了解，也包括对自身教育角色和责任的深刻体认。然而，对一节主题班会而言，虽然这些上位的教育观念和价值判断依然具有决定性作用，但是，因为主题教育自身的特点和活动育人的特殊影响机制，使得与主题班会设计相关的理念更为聚焦和细化。这些基本的教

育常识和价值判断影响着班主任怎么理解主题教育活动在班级管理和学生发展中的特殊作用，影响着班主任设计什么样的主题班会目标，以什么样的方式来实施活动。笔者以为，班主任在主题班会设计与实施中应该把握的教育理念更聚焦于班主任如何理解德育过程、如何看待活动的功能和影响机制、如何解读学生态度和行为改变的动力机制。这三个现实的教育命题构成了班主任应该把握的三个重要理论议题。

1. 如何正确定位德育和理解德育过程

班主任承担着对学生进行思想教育、道德教育的重要任务，班主任要深刻体认和明晰自己的职责，明确班主任不仅仅是一个班级组织者、管理者，联系家庭和学校的桥梁、纽带，更是学生精神的关怀者和人格塑造者，是影响学生品格和心理发展的"重要他人"，通过学科教学、日常交往、班级文化等隐性德育途径全面影响学生的精神成长。诚如冯建军教授指出的："教师的职业活动不是技术活动，其根本原因就在于它更彰显伦理与精神意义。因为要影响学生的心灵和精神，就需要教师拥有境界高尚、内涵丰富的精神世界和教育人格。"

而主题班会是班主任育人的重要途径，班主任不仅要掌握主题班会设计的基本过程和技巧，更需要了解德育的基本规律和基本原则，以正确的德育理念来指导主题班会的设计与实施，充分发挥班主任的主导作用。

班主任要正确理解和体认德育的基本常识，宜从以下三个关于德育过程的认识入手。

（1）德育是一个潜移默化的隐性教育过程。

冰山模型在心理学中常用来类比人的意识和潜意识，其实，用冰山模型来类比学校里的显性德育和隐性德育也颇为贴切。冰山水面上的部分体积很小，水面以下的部分却体积巨大，水上部分的体积和水下部分的体积之比竟然达到1∶9。而我们观察冰山的时候，却往往把注意力放在了水面上的一小部分，认为这就是冰山的全部，而忽略了作为主体的水下部分。

显性德育相当于冰山的水上部分,隐性德育相当于冰山的水下部分。显性德育以课程为载体,广泛存在于学校和班级组织的各种活动中。学校里的思想品德课、少先队活动具有明确的德育目标和系统的设计安排,属于显性德育。位于水下部分的隐性德育则是渗透在学科教学、师生交往、班级文化、校园环境中的潜移默化的教育影响。

南京师范大学的鲁洁教授在《德育社会学》一书中把隐蔽课程分为课堂中的隐蔽课程和校园中的隐蔽课程两类。隐性德育因为其形式及发生作用机制的特殊性,更容易让学生接受,更容易取得寓教于无形的效果,因此,也成为德育课程中的重要组成部分。

隐性德育与显性德育的冰山模型

我们学校的德育管理往往把工作的重心聚焦于水面上的这块"冰山",忽视了广泛存在于学科教学、师生交往中的隐性德育的影响,忽视了教师在学生价值引领中的作用,把教师的价值教育角色混同为一个普通的知识传授者和班级的组织者和管理者。教师自身也未能从学生精神的关怀者和人格的塑造者的高度进行角色的自我体认。

古诗中说"细雨湿衣看不见,闲花落地听无声",这从另一个角度诠释了隐性德育的作用,也给主题班会的设计与实施提供了有益的启示。主题班会要达到预期的效果,必须深刻体认并服膺隐性德育的理念,和学科课程进行有机的融合,使主题班会常态化,真正使德育走出单向通道和强制灌输的窠臼,让德育变成"湿衣细雨""落地闲花"。

（2）德育必须是彰显学生主体性的教育过程。

英语中有这样一句著名的教育格言：你可以把马牵到河边，但是，你不能强迫它饮水。(You can lead a horse to water, but you can't make it drink.)这提示我们教育必须以尊重学生的主体地位、充分彰显学生的主体性为前提。苏联也有这样一句教育谚语："教育如果不调动学生的兴趣，就是在打冷铁。"要想避免主题班会成为"打冷铁"，就必须关注在班会中发挥学生的主动性，让班会贴近班级的实际和学生的现实生活，增强主题班会的趣味性和感召力，让学生成为班会的主体，把班会还给学生。

上面这幅漫画调侃了学校德育实效性低迷，不受学生欢迎的尴尬现状，同时，也促使我们学校德育工作者和班主任去反思自己的主题教育活动：缺少了学生热情参与的德育一定会演变成"面具"下的交往。让德育的课堂和活动摘掉"面具"的唯一办法，就是让德育和班级活动成为学生内心向往并乐在其中的自主选择，让学生成为德育课堂和班级活动的主人。

理想信念和价值观等相关的教育主题很像电脑里的"压缩文件"，如果要讲给学生听，并且想让他们听得懂，学得会，就必须把这些"压缩文件"解压成普通文件。老师在处理相关教育内容、设计主题活动时，也要通过教育目标细化、与班级管理任务相结合的方式完成"解压"过程。如果罔顾这一客观现实，采取简单模式，谋求一次实践活动或一次主题班会就见到教育效果，那么理想信念教育很可能会走入强制灌输和形式主义的误区。

（3）德育是一个与情感体验相伴随的教育过程。

德育实践早已经无数次验证了这样的德育命题：道德是感染而成，绝不是教来的。（Morals are not taught but caught.）德育必须触动学生的心灵，必须切入学生的情感层面。德育不可能像知识传授一样，通过记忆、咏诵就可以简单完成。道德情感的培养是德育的重要内容，培养学生良好的情感品质既是德育的直接目标，也是促成学生道德行为的"中介机制"和"动力源泉"。

"道德是感染而成，绝不是教会的"不仅阐释了德育的特殊影响过程，也凸显了在个体行为改变过程中情感教育的特殊动力功能。在"情感、态度和价值观"的三维目标体系中，价值观培养这一目标很难脱离情感品质形成和态度改变两个具体目标而实现。主题班会必须调动和激发学生，使他们产生情感的共鸣，才能实现道德移情，进而改变道德行为。因此，从主题班会的设计和实施理念上必须彻底摈弃灌输和说教的模式，给学生体验的空间和自主选择的机会，使他们真正成为道德的自主建构者。

案例：一杯咖啡和9000个螺丝

拧螺丝与喝咖啡似乎没有什么关系，但是，一次特殊的体验活动把它们联系在了一起。扬州某中学校门口有个麦当劳餐厅，学生们经常光顾于此，老师发现，学生们在麦当劳里买咖啡很随意，而且，很多学生买了咖啡并不喝，而仅仅是为了充面子，为了表现所谓的潇洒。老师经过了解发现很多学生的家长都是工薪族，家境并不富裕，于是老师决定组织一次体验活动，活动内容是到学校附近的地方邮电局做一次组装硬件的体验劳动。说白了，就是拧螺丝。

起初，学生们都觉得让他们拧螺丝是大材小用了。真正轮到他们做的时候，才知道拧螺丝也不简单，得经过制螺母、下垫片、把弹簧拿掉，再把螺母和垫片装到机器上这样四道工序。才拧了几个，有的同学手指就红了，皮也磨破了。从工作人员那儿得知，他们每人一天至少要拧1万多个螺丝，真是太了不起了，孩子们打心底佩服他们。更重要的是，孩子们了解到在这儿拧100个螺丝才挣5分钱，他们在心里粗粗一算，平常在麦当劳扔掉一杯咖啡就相当于父母在这里拧9000个螺丝！同学们现在才理解，平时埋怨父母给的零花钱太少，其实，父母赚钱实在不容易。有了这次切身体验，老师惊喜地发现，孩子们乱花钱买咖啡的现象少多了。

在这个案例中，老师改变学生的态度时，没有采用说教的方法，而是采取体验教育的方式，让学生在真实的体验中获得切身的感悟，并引导了他们的情感指向。通过情感的感染功能，实现了道德移情。因此，德育应该更多地关注和研究情感这个切入点，让德育更多地从情感开始，从情感切入。情感是客观事物是否符合自己的需求而产生的肯定或否定的一些体验。这种体验会对人的行为产生积极的增力作用或消极的减力作用。情感的感染性是强大的。

案例：《感动中国》给主题班会的启示

《感动中国》年度人物评选晚会现场

第三讲 诗外功夫：主题班会设计与实施的科学理念

中央电视台推出的公民与社会道德教育栏目《感动中国》，一直受到社会各界的好评。一年一度的《感动中国》年度人物颁奖晚会，也成为一个特殊的社会道德教育的"大课堂"。其成功的秘诀之一就在于营造了一个强大的情感感染的氛围，它不是在生硬地向观众讲述抽象的道德故事，而是以普通人的真实的道德故事和道德情怀去打动观众，唤起观众强烈的情感共鸣，让故事中的人物真正走进了观众的内心世界，并为他们接受和认同。《感动中国》栏目的成功是情感教育的成功范例，也是在设计与实施主题班会时要认真研究和借鉴的成功范例。

2. 如何评判活动的功效和影响机制

主题班会是学生在班级里共同参与的一次集体活动，是在学生体验、感悟和发现的过程中完成活动育人的目标。苏联教育家苏霍姆林斯基曾明确断言：没有活动就没有教育。对学生的教育引领为什么不能像知识教学一样，直接进行信息传递，而是要借助看上去费时费力的活动来完成？活动的功效和价值究竟在哪里？是仅仅为了增强教育过程的趣味性，提高主题班会的吸引力，还是活动本身有其他教育手段不具备的功效？对活动的理解和价值判断，决定了我们在主题教育中对活动的设计方式和类型的选择。

（1）附加学习与活动育人。

美国教育学家克伯屈关于儿童学习类型的分类给了我们理论上的启示。克伯屈认为，儿童的学习可以分为三种，即主学习、副学习和附加学习。其中，主学习是掌握教学大纲所指定的知识和技能。副学习是学习者在学习过程中，不经意间获得的知识与技能。附加学习则是学习者在学习过程中形成的态度，所收获的一系列感受、体验或经验。①

我们平时的教育基本上把关注的重心放在了主学习上，副学习和附加学习都不同程度地被忽视了。有时我们会发现在一个活动中，学生们不经意间就掌握了平时在课堂上难以掌握的知识和技能。更重要的是通过活动，学生们会形成自己关于某一问题的强烈感受和体验，并在活动中逐渐形成

---

① 威廉·H·克伯屈.教育方法原理：教育漫谈[M].王建新，译.北京：人民教育出版社，1991.

自己的态度。

案例：小学生感受老人的生活

为什么要体恤和帮助老人？为什么要在公共汽车上把座位让给老人？这是很多小学生不能深刻体会的事情，很多孩子认为，把座位让给老年人是老师的要求，虽然不是十分情愿，但还是遵从了老师的要求。怎么才能让学生感同身受，并发自内心做这样的事情呢？

班主任决定在班级搞一次体验活动。活动的内容就是感受一下70岁老人的生活。活动课上，小学生带上一套增加体重、影响活动能力的道具，这是老人协会发明的一套专门用于体验老年人生活的教具。这套道具加在一起重量超过20斤。孩子带上这身行头不仅增加了20斤体重，而且活动能力也受到了很大的限制。之后，还要再佩戴一个干扰视力的眼罩，干扰听力的耳塞，再拿上个拐杖，这样孩子的活动能力就相当于一个70岁的老人。接下来让孩子过马路，上公共汽车，到超市购物，体验一个小时。很多孩子脱下这身行头以后，第一个感慨就是：没想到周围的爷爷奶奶每天是这样生活的，以后在公共汽车上，我一定把座位让给老人。

小学生的体验活动：感受老人的生活

在这个活动案例中,学生通过角色体验,收获了关于老年人生活的真实的感受;这种感受促发了道德移情,态度的转变也为价值教育打下了基础。这种附加学习的效果只有在活动中才能生成。

附加学习的相关理论让我们看到了活动对学生态度形成、情感体验和行为转变的特殊影响过程。从附加学习的角度审视班级活动设计,用学习理论来指导主题班会的设计,是班主任上好主题班会课、实现活动育人目标必须具备的"诗外功夫"。

(2)情感动力与行为改变。

无论是学科教学还是德育活动都特别注重生成性、过程性的学习效果,德育活动更是把培养学生自主建构的能力作为终极目标。但是,在德育实践中,有一个前提是无法忽略的——学生在教育"质变"发生以前,必须有足够的"量变"的积累——即学生必须有充分的时间去感受和体验,并且在体验过程中形成真实且深刻的触动。正如华中师范大学杜时忠教授说的:"道德认知不同于'可编码'的科学知识,道德知识更需要受教育者切身体验和感悟,道德认识和道德能力能否转化为道德行为,道德情感起着重要作用。"[①]

体验和触动并不是德育活动的最终目标,德育的终极目标应该是学生在深刻体验和内心强烈触动的基础上,生成自己独立的思考和价值判断。理想的道德教育就是把老师要告诉学生的话变成学生自己的体会,把老师要灌输的观念变成他们自己悟出来的道理。

3. 如何解读态度和行为转变的动力机制

时下有这样一句流行的网络语录:"世界上有两件事最难:一件事情是把别人的钱装进自己的钱包里,另一件是把自己的思想放进别人的头脑里。"这句话尽管不乏戏谑、调侃之意,但是,其背后的隐喻不能不引发我们关于价值教育策略的思考。价值教育和信仰教育是艰难的,德育专家檀传宝教授曾在他的论著中多次提到"德育之重""德育之难"。而"德育之

---

① 杜时忠.生活德育论的贡献与局限[J].教育研究与实验,2012(3):1-4.

难"更在于价值教育自身的多端性、复杂性和长期性等特质带给学校价值教育的挑战。

价值教育与信仰教育的实效低迷,一方面缘于价值教育环境的桎梏,更主要的原因是价值教育理念层面的误区和价值教育实践策略的僭越。因此,我们必须针对价值教育的原则和态度转变的心理规律进行有针对性的教育设计。

行为转变与态度、情感之间的关系

美国的心理学家凯根曾做了这样一个心理学实验。实验对象都是有常年吸烟史的人。凯根想借助心理学的方法帮他们改掉吸烟的习惯。他们当中有很多人自己也曾尝试戒烟,但是多数人以失败告终。凯根起初用"晓之以理"的方式来说服吸烟者,通过真实的病例和吸烟导致肺癌发病的数据让吸烟者看到吸烟对身体的伤害,但是效果并不好,只有不到7%的人选择了戒烟。

后来,凯根改变了策略,采取"迂回战术",对吸烟者进行深度访谈。凯根了解到这些吸烟者有的人父母年迈多病,需要照顾,有的人孩子还很小,没有成年。凯根由此出发,让吸烟者考量自己保持健康身体,与承担赡养父母和养育子女的责任之间的关系,通过唤起他们对亲人和家庭的亲情和责任感,进而促使他们戒掉香烟,关心自己的身体健康。通过这样的"亲情牌",超过70%的吸烟者放弃了自己多年的吸烟习惯。

在上述实验中,吸烟者行为的根本改变源于他们态度上的变化,而态度变化的过程中,情感起到了"加速"和"催化"的作用,因此,个体行为的改变离不开情感的动力作用,而情感体验的获得离不开活动这个重要载体。学生的道德教育必须实现以活动为载体的教育策略变革。

(1)秉持"让教育在体验中发生"的理念,尝试把老师要告诉学生的话变成学生自己的深刻感悟。

"说教式"和"灌输式"的德育之所以被学生拒斥,无法达成预期的效果，是因为教育者忽略了德育是一个受教育者必须有真实的自我体验并主动接纳的过程。"道德是感染而成，绝不是教来的。"没有情感触动，没有真实体验，强制的、灌输式的教育不会在学生内心留下深切触动，就如同一句教育格言所描述的："我听到会忘掉，我看过的能记住，但我做过的才真正明白。"一次活动未必能让学生明白做人的道理，但是，与说教、灌输的教育方式相比，体验式的教育在教育实效性上一定远胜于强行的规制、训诫以及喋喋不休的说教。

按克伯屈的"三种学习"的观点，学校教育不能完全靠老师通过口头或书面语言的方式向学生传授知识和道理，书本知识学习以外的各种活动不仅是"副学习"的重要载体，也是学生情感体验、心灵触动的重要来源。研修旅行学习、综合社会实践活动，以及博物馆课程等，在提高学生的学习兴趣、学习热情和积极性的同时，也会让学生生成知识和技能以外的"附加学习"。

（2）秉持"让教育在自主建构中发生"的理念，努力把老师要灌输的观念变成学生自己悟出的道理。

随着学生年龄的增长，他们逐渐具有了自主选择、独立做出价值判断的能力。一次班级活动留给学生的不仅仅是情感的触动、体悟和反思，也必然会让具备了一定思考能力的学生形成自己的领悟和理解。学生通过集体活动领悟到的合作分享的道理、通过艰苦劳作萌生的珍惜劳动果实的感念，以及经历了苦难和挫折后逐渐建立的勇气和信心，一定不是单纯的书本知识学习或言语说教所能相提并论的。

中国古代最早的教育学著作《学记》在论及有效教育引导的方式时，曾提出"道而弗牵，强而弗抑，开而弗达"的原则，其中的"开而弗达"明确提示教育者：善于讲道理的老师不是喋喋不休地训诫，也不是把道理给学生讲得明白无误，而是善于给学生提供情境，让他们自己做出判断，自己寻求答案。这不仅是充分彰显学生的主体性，也是在努力促成学生道德观念的自主建构。

学生行为的改变离不开活动这个重要载体。但是，在现实教育中，态度的转变也是一个艰难的过程，不可能一蹴而就，不能奢望一两次主题班会就能达到预期的目标。班主任在主题活动设计和实施过程中必须从情感体验入手，做细致的工作，逐步改变学生的态度。具体来说应关注两个方面：

其一，坚持"小步子"原则，即逐步提出要求，聚焦每次班会要解决的具体问题，适当控制一次教育活动的容量，在活动内容和主题上不贪大求全。

其二，对主题班会进行整体的、系列的设计，同时要考虑到一次教育活动的延续和跟进问题，要善于把一个教育主题分次完成，体现"螺旋式"课程的设计理念。比如，价值教育中比较有代表性的"感恩"教育，要考虑到一次班会不可能让学生既体会到父母的养育之恩，又能教会学生怎么回报父母，进而学会如何感恩社会和回报社会，这样复杂的内容需要两到三次的主题教育才能完成。

上面提到的关于德育的定位、对活动的理解、对学生行为改变的评价等议题看似很大、很空，但实际上这些观念和价值判断会作为上位理念深刻影响活动设计与实施的每一个具体细节。如果我们对此都有了科学、正确的体认，并能够把这些观念和思想作为育人实践的指导思想，"落地"到主题教育活动的实践层面，那么，我们在主题班会的目标制定、方式选择方面才能更加符合教育规律和教育原则，班会在实施过程中才能最大程度地调动学生的主体性，班会的吸引力和感染力才能得到增强，最终取得理想的教育效果。

第四讲

班会拼图：主题班会设计与实施的一般过程

问题导引：

- 主题班会设计与实施过程包括哪几个环节？
- 怎样发现和寻找主题班会的主题？
- 主题班会的方案一般包括哪些部分？
- 怎样做主题班会的总结提升？

主题班会从酝酿主题到完成实施，需要经历哪些过程？这是班主任要关注的具体问题。了解了每个阶段的主要内容，班主任才会明晰自己在班会准备阶段、组织实施阶段要完成的具体任务。了解和熟悉了每一个"组块"，才能顺利、准确地完成主题班会这张"拼图"。

一般而言，主题班会的设计与实施过程可以分为三个阶段：酝酿主题、撰写方案、组织实施。

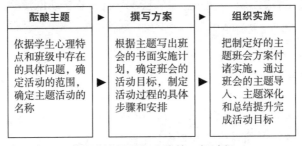

主题班会设计与实施的一般过程

一、主题提炼和酝酿阶段

在主题酝酿阶段，要根据学生的心理特点和班级中存在的具体教育问题选择适宜的班会主题。主题班会的设计、召开要充分发挥每个学生的主观能动性和创造性，要让所有学生在班会组织和召开的过程中都有责可负、有事可做，才能达到其应有目的。

在酝酿和提炼主题时，要优先考虑主题班会的功能和目标，简言之，就是明确主题班会究竟要干什么。解决了这个问题才能确保主题班会的针对性，避免无的放矢。主题的确定是基于对班级存在的教育问题、学生成长和发展中的问题的分析所做出的判断。所以，主题酝酿的过程中有两个基本的方向：一方面，干预已经发生或者正在发生的问题；另一方面，预防可能出现的问题。也就是说主题班会可以是针对具体问题的设计，也可以是基于某一发展阶段的常规教育。酝酿主题、提炼主题的阶段可以分为以下几个具体环节。

1. 主题的发现和寻找

寻找主题是主题班会设计与实施的第一步，也是班主任发现学生成长、发展中的问题，并尝试通过主题教育的形式进行教育干预的开端。确定一个班会的主题，也就更加明确了主题班会要解决的问题。

能否敏锐地发现班级中存在的教育问题，对学生成长阶段可能存在的品格问题和心理发展问题做出科学的推断和预测，需要班主任不仅要有敏锐的观察力和对问题的洞察能力，还需要班主任具备较好的理论素养和独立研究的能力，更需要班主任全面了解学生特定发展阶段的特征，并且依据学生生理和心理发展的规律做出有的放矢的干预对策。主题的发现和寻找可以借助以下方法：

• 观察。对学生的成长过程、班级的教育活动、学生的日常生活进行细心的观察，发现学生成长和发展中存在的问题，进而提炼总结，寻找相关主题，以主题教育的方式进行干预。

• 调查。采取问卷调查和访谈的形式，了解学生品格形成、心理成长中的问题，以及学生中具有共性的困惑，为班会主题的确定提供科学的依据。

• 研究。提高研究意识，提升研究水平，加大对班主任素养、班主任知识结构、专业能力的研究力度，同时，不断研究不同年龄阶段学生的心理特征，发现学生在知识学习、品格形成、心理发展中存在的共性问题。

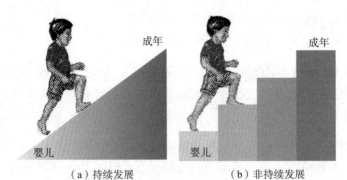

(a) 持续发展　　　　　　(b) 非持续发展
学生心理发展的阶段性特征

通过图形我们可以很清楚地看到，个体的心理发展既是连续的，又是非连续的。从婴儿到成年人，其心理发展是一个逐步提升的过程，如图（a）中那个爬坡的孩子，但是这个过程不可能是一个斜坡，而是如图（b）所示，这个斜坡会被分割成一个一个的台阶，使得个体的心理发展在不同的阶段表现出鲜明的特征。每一个心理发展阶段既与其他心理发展阶段相互关联，又表现出不同于其他发展阶段的特异性。

以青春期为例，在十一二岁至十四五岁这个阶段，学生的心理发展会进入一个特殊的发展阶段，这个时期的青少年会面临着以下他们自己难以破解的矛盾：

- 心理上的成人感与半成熟现状之间的矛盾；
- 心理断乳与希望在精神上得到父母的支持和保护的矛盾；
- 心理闭锁性与需要理解、交流的矛盾；
- 要求独立自主与依赖之间的矛盾；
- 自以为是与常常出现自卑感之间的矛盾。

认真了解这些矛盾，既是我们了解教育对象的前提，也是我们确立和形成科学教育理念的基础。实践证明，只有充分了解青少年不同年龄阶段的心理特点，全面把握青少年价值观以及道德认识、道德情感、道德意志和道德行为等发展的基本规律，我们才能在德育实践中真正走进他们的内心世界，才能对不同的学生有的放矢地进行个性化教学，真正体现因材施教的原则，使德育过程成为学生的个性和主体性都得到充分彰显的过程，成为外在价值引导与学生道德观念自主建构的有机融合的过程。

青春期心理发展的特异性决定了我们在进行班会主题设计时必须把青春期学生心理发展的问题作为优先考虑的内容，要在充分了解他们认知发展、情感发展和社会性发展特征的基础上，帮助他们解决青春期的烦恼，帮助他们度过这个动荡、危险的特殊时期。

青春期是青少年个体发展的转折期，青春期被称为青少年人生发展的"急风暴雨"时期，也是我们通常说的"心理断乳"期。所以，老师和父母都需要特别关注这个阶段。这个阶段的教育必须遵循"放风筝"原则，采取"从旁的影响"（side way）的策略。

所谓"放风筝"原则，就是老师和家长要像放风筝那样对待青春期学生。大家都知道，放风筝最重要的是那根风筝线。如果松开了线，飞得再高的风筝也会变成断线风筝，失去控制，失去方向。青春期是学生人生发展的关键期和转折期，放任对青春期学生的教育，就等于放开了风筝线。但如果紧紧攥死这根线，风筝是无法飞上天的。老师和父母要像放风筝那样，学会适时地收线和放线，要给学生足够的自由空间，又要加以适度的管理和约束。同时，要拥有足够的耐心，当风筝飞得不是很好的时候，不是急于把风筝拽下来重放，而是等一等气流。多一点耐心和等待，风筝可能会飞得更高更远。

所谓"从旁的影响"（side way）的策略，则是要求老师和父母对青春期学生不仅要改变教育策略，更要进行足够的"感情投资"，建立良好的师生关系、亲子关系，保持良好的情感沟通。只有建立起牢固的情感联系，才能达到我们向往的"亲其师，信其道"的教育境界。

初中阶段的主题班会课的创新，可以用主题教育的形式干预青春期学生的心理问题和品格发展问题，通过丰富多彩的活动促进学生的全面发展和个性化发展。

2017年8月教育部正式颁布了《中小学德育工作指南》，这个重要的德育工作指导文件规定了学校各个学段的德育目标、学校德育的主要内容，以及学校德育的六大实施路径。该指南除了对学校德育具有重要的指导性、规范性、评判性的意义以外，也为中小学主题班会的主题设计选择，提供了最权威、最具指导意义的参照。特别是不同学段的德育目标和理想信念教育、社会主义核心价值观教育、中华传统道德教育、生态文明教育、心理健康教育等五个方面的主要德育内容，为班主任提炼"发展性主题"提供了科学依据，确保了班级德育和班主任立德树人的正确方向。

2. 主题的提炼和确定

确定主题的范围以后，需要进一步分析主题，确定主题内容，并且要结合学校和班级中的活动实施条件，确定主题实施的具体形式。班主任要把主题进行简单的归类，进一步厘定主题活动的功能。在提炼主题时，班主任可尝试借鉴以下汇总方式：

（1）问题类主题。

班会的主题来自班级管理中具有普遍性的问题，即以主题班会的形式解决班级中的教育问题。这些问题既可以是行为习惯问题或同学交往问题，也可以是学生心理发展的问题。例如，初中班主任发现学生在面临中考的时候有很大的心理压力，就在考前组织一次"以怎样的心态去应对中考？"的班会，这就属于一个比较典型的问题类主题的班会。

（2）发展性主题。

班会不是针对班级当下的具体问题，而是基于学生成长和发展的需要，以及学校德育和心理教育的任务，来设计活动主题，对学生进行教育引导，解决他们成长中可能出现的困惑，更好地促进学生的全面发展、个性化发展和可持续发展。例如，社会主义核心价值观教育、理想信念教育、责任教育、生涯规划教育等都属于发展性主题。

（3）计划性主题。

这是指依据学生的年龄特点和学习阶段的不同教育任务，以及班主任的工作计划，提前计划、设计的主题。例如，节日性主题就是班主任选择在重要的有教育意义的节日或纪念日开展与该纪念日主题内容相关的班会。

在现实生活中有很多节日适合作为主题班会的主题，如我们熟悉的 3 月 12 日中国植树节、6 月 26 日国际禁毒日（国际反毒品日），12 月 13 日南京大屠杀纪念日等。如果条件允许，把相关主题的班会放在这一天，可以通过节日相关背景知识的介绍，深化学生对相关主题内容的理解和认识。同时，节日或纪念日的特殊氛围也会进一步突出班会的主题。

常见的纪念日

2 月 21 日　反对殖民制度斗争日

3 月 5 日　中国青年志愿者服务日

3 月 12 日　中国植树节

3 月最后一个星期一　全国中小学生安全教育日

3 月 16 日　手拉手情系贫困小伙伴全国统一行动日

3 月 21 日　世界林业节（世界森林日）

3 月 22 日　世界水日

6 月 26 日　国际禁毒日（国际反毒品日）

12 月 1 日　世界艾滋病日

重阳节　中国老年节（义务助老活动日）

12 月 13 日　南京大屠杀死难者国家公祭日

（4）偶发主题。

班会的主题是由突然出现的一些具有教育意义和时效性的偶发事件所引发的。围绕相关偶发事件而引发的思考，结合班级和学生教育生活中存在的现实问题，寻找切入点，设计主题，我们可以把这一类班会称为偶发主题班会。

这类班会主题常常是社会热点问题，或学生关注的、发生在身边的问题，对学生具有很强的吸引力。偶发主题班会具有较强的时效性，需要老师具有较强的教育敏感，及时发现主题，提炼主题，及时实施主题教育。

案例：日本地震引发的主题班会

  2011年日本大地震发生以后，在世界各地都引起了巨大的震动。人们除了惊愕于自然的力量，同时，也感受到日本人较高的国民素养，以及在灾难面前的淡定和遵守秩序。

  地震后网上贴出了很多日本人在大灾面前仍旧遵守秩序的照片。上图是地震后被疏散到商场等公共场所的市民的照片。我们看到现场没有人维持秩序，但是人们都自觉地坐在楼梯的两边，主动让出楼梯。这与日本的教育是分不开的。日本人从小学一年级开始就接受一项文明行为习惯教育：Don't bother others（不给别人添麻烦）。在很多日本人眼里，"不给别人添麻烦"是最基本的素养。不站在电梯的中间阻碍他人通行是"不给别人添麻烦"，不乱丢垃圾也是"不给别人添麻烦"。就是这样一些小的文明细节，奠定了日本文明社会风气的基础，也成就了日本人在大灾面前的淡定和气度。

  我们设计了这样的主题班会——日本大地震的思考：Don't bother others（不给别人添麻烦），让学生通过这些照片，对比自己在生活中看到的不文明的行为，体会发生在身边的、需要他们关注的道德细节，体会从小事做起、做一个高素质的文明人的重要性。

案例评析：这个班会的设计抓住了"大地震"突发事件引发的教育契机。地震发生以后，很多学生都对这个巨大的自然灾难感到震惊，但是，他们关注的大多是地震强大的破坏力量，以及视觉感官上的强烈震撼，很少人关注到在地震中日本人表现出来的公德素养和秩序感。以此为切入点设计主题教育活动，不仅给学生提供了一个特殊的观察视角，在调动他们兴趣的同时，也引发了他们深层次的思考。这样的主题教育活动不仅抓住了社会生活中的热点问题，使班会具有较强的时效性，而且通过引发学生的积极思考做到了因势利导。

偶发主题的班会不像普通主题的班会那样具有很强的计划性，往往没有充分的准备和预设，就像发生的事件本身一样具有偶然性和突发性。但是，突发的重大事件往往在社会上引起了广泛的关注，甚至引发了人们强烈的争议，对经常上网和看电视的学生来说，也是他们热衷的话题。

因此，教师要不断强化自己的教育敏感，培养自己的观察能力，通过以下途径发现教育契机，及时实施恰当的主题教育。

• 关注网络和媒体中的重大事件。网络是一个巨大的资源宝库，也是一个信息的海洋。一些问题不仅具有吸引眼球的效果，很多讨论与观点也发人深思，可以成为我们的教育资源和可利用的教育契机。

• 细心观察学生关注的话题。受年龄阶段的影响，学生的兴趣和关注问题的视角与成人之间会有很大的差异。教师要在平时观察学生们关注的话题，关注他们的兴趣点，使主题教育更贴近他们的兴趣和需求。

• 进行必要的调查和分析。为了更准确地了解学生对当前社会或班级生活的兴趣点，了解他们在日常生活中的困惑，老师还可以采取发放问卷的形式，征集大家关注的时事问题、热点问题，从中提炼主题，寻找教育契机。

• 做好整合与设计的核心工作。班主任在主题设计过程中既要充分发挥主导作用，同时，也要最大程度地调动学生的积极性，充分彰显学生的主体性。要把学生充分调动起来,让他们参与到主题的提炼和素材的搜集工作中。老师则要在主题活动的话题导入、问题的深入与展开上进行精心的设计。

小贴士

疫情下的主题教育内容

2020年的突发疫情,改变了学校的教学模式,也改变了班级教育活动的形式。疫情下的学校德育和班级的主题教育面临着关注新形势、解决新问题的客观需求:要关心学生疫情期间和线上学习期间的发现、收获和感动,聚焦他们在疫情期间的困惑和需求。做好疫情下的主题教育是教育生活化原则的体现,也是教育抓住教育契机、凸显教育时效性的需要。

笔者以为,疫情期间和疫情后的主题班会宜从个人品格(私德)和公共道德(公德)两方面入手,结合学生在疫情下的学习特点和学习内容,做好以下几方面的主题教育:

- 关爱教育,浸润和培养恻隐之心、仁爱之心。
- 感恩教育,滋养学生感恩他人、回馈父母和社会的情怀。
- 责任教育,激发学生的责任意识和担当意识。
- 公德教育,培养学生的自律品格和慎独精神。

3. 主题的物化和表达

主题班会的主题是班会要讨论和解决的主要问题,把这个问题进行概括和抽象就变成了主题的名称。就如同一个文章标题,它设定了班会的对象、活动内容和所要完成的任务。通过班会的主题,我们可以大致了解这个主题活动要解决什么问题。在对所要完成的主题教育活动进行全面了解和充分思考的基础上,班主任需要经过分析和综合,把主题教育活动用书面语言表达出来。

要把关于主题的一些形象、鲜活、具体的"默会的知识（思考中、想象中的知识）"，以抽象的言语进行概括后，变成"明言的知识（能准确表达、能说出来、写出来的知识）"，这个过程看似简单，其实不是一件轻而易举的事情。正如刘勰在《文心雕龙》中所描述的"意翻空而易奇，言征实而难巧"。主题的表述不仅要做到形式上的适恰，更要涵盖全面，寓意深刻，同时，又不失活泼，贴近学生的生活，符合青少年的话语方式，具有一定的时代感。这需要班主任做深入细致的研究，在已有的感性经验和缜密思考的基础上，不断进行优化和修正，才能把一个主题班会所包含的各种要素及其错综的关系表现出来。

班会主题的表述应符合以下几个要求：

（1）口语化。

主题班会源于学生的生活，所以，在表述形式上要平实、朴素，避免政治口号式的班会主题。对小学生来说，班会主题的"口号化""标签化"让主题班会从形式上就远离了孩子的生活，削弱了学生参与主题活动的兴趣，从形式上也强化了主题班会的灌输、说教色彩。

（2）亲切感。

一个有亲切感的主题，在形式上就很容易一下拉近和学生的心理距离，而一个冰冷、生硬、明显属于成人话语体系的主题可能一下就让学生对班会失去了兴趣。所以主题表述中可多使用祈使句，也可使用设问句。例如，"让我们从好习惯开始""让我们平安地度过假期"。疫情后开学第一堂主题班会课可以是"说说我宅在家里的那些事儿"。

（3）时新性。

班会主题的表述可以运用一些时新名词或者网络语言，这样也可以缩小与学生的心理距离。例如，和环保相关的主题——"今天你低碳了吗"，也可以借助时下的热点文化现象来表述主题，如"我的青春我做主"就源自热播的电视剧——《我的青春谁做主》。

（4）易理解。

班会主题不是以玄妙和深奥见长，而恰恰是以通俗易懂、风趣幽默取胜。有的班主任在提炼主题时易走到另一个极端，主题表述过于抽象，令人费解,如"今天的奥特曼,明天的哆拉A梦",这样的主题看似时新,但是很容易让人误解。高中主题班会"生涯规划,始于足下"不如"为四十岁做准备"更易于理解,更有亲和力。

小贴士

> **主题表述的"主副标题"策略**
>
> 班主任在撰写方案时,经常会在主题表述时遇到一个问题:想表达的意思很多,标题的宏观方面的含义与标题要强调的微观范畴不能兼顾。笔者建议采用"主副标题"的策略。主标题表明主题班会的宏观意义,副标题指明班会的具体内容和要达到的目标。例如,"祖国与我们共进步——晒晒爸爸妈妈的老照片",主标题"祖国与我们共进步"表明主题范畴是建国六十周年的政治主题,而"晒晒爸爸妈妈的老照片"则指明主题班会的具体活动目标和内容。

二、主题班会方案的撰写阶段

制定主题班会方案是主题班会实施效果的重要保证,也是主题班会计划性的具体体现。主题班会的方案如同修建楼房的蓝图,有了实施方案,主题班会实施中的细节问题,诸如时间分配、主持人确定等才能提前筹划和准备,主题班会才能更有预见性和计划性。

主题班会是班主任展示教育能力和教育智慧的"观摩课",主题班会的设计与实施被视为班主任技能的核心内容。独立完成一个主题班会的方案设计是班主任独立开展教育研究活动的开始。

对班主任来说,把关于主题班会的零散的设想和构思以书面文字的规范形式书写出来,是把自己丰富生动的"默会知识"变成严谨准确的"明言知识"的过程。在这个知识形态的转变过程中,班主任的研究能力也实现了质的飞跃。把关于主题班会的理念和知识变成规范的实施方案以后，班主任就可以同他人进行经验的交流和分享。在交流分享中，班主任会获得很多改进意见，从而不断提升自己的理论素养和教育艺术。

主题班会的方案一般包括以下几个部分：

（1）主题名称。

主题名称是主题班会的最重要的信息。设计者要通过主题名称来表明主题活动的内容、性质和目的。主题的表达要涵盖全面，寓意深刻，同时，又不失活泼，符合学生的话语体系。

（2）班会背景。

班会背景即回答为什么要实施这次班会，其中包括对主题班会所要干预的问题的陈述，选择本次活动的理论依据，以及学生年龄特征的分析。这个部分也可以叫"主题班会活动目标"，类似于学科教师在观摩课中的"学情分析"。

（3）班会目标。

班会目标是主题班会实施后要达到的具体效果，可分为总体目标和具体目标。总体目标是主题班会要达到的总体教育效果，是概要介绍和描述，而具体目标则是班会要达到的更为清晰的、具体的，甚至可以量化的态度和行为改变情况。例如，常见的"感恩父母"主题班会，其总体目标可表述为：通过主题班会让学生体会和感悟父母的养育之恩，滋养学生的感恩情怀和关爱品质。具体目标可表述为：让学生形成回报父母的观念，树立回报父母从小事开始、从身边细节开始的意识，让学生明白优秀的学业成绩就是对父母最好的回报。

（4）班会准备。

这是班主任为主题班会顺利实施而事先完成的各种物质上的和组织上的前期工作，包括活动中使用的用具、活动协调事宜等，如邀请家长和其他人员参加的具体布置。如果主题班会不是在自己的教室举行，还要提前进行活动场地的勘察和布置。

（5）班会过程。

这是主题班会方案的核心内容，是主题班会筹划和组织实施过程的详细描述，包括活动导入的过程和方式、主题展开和深化的办法、班主任在班会结束时的总结提升的策略等。这个部分要求尽量翔实、具体，应该包括每一环节的用时安排，主持人选择，以及总结发言的具体内容，等等。在这个环节班主任要确定好主持人，并写好主持人的"串词"。

 小贴士

方案设计完成后的自查

班会设计完成后，班主任老师要仔细通览方案，作最后的审视和自查，进一步确认方案是否科学、合理，是否存在"硬伤"。建议班主任注意下面几个细节：

- 班会的内容是否过多？
- 学生的活动参与面是否太窄？
- 主题的导入是否过慢？
- 老师在活动中是否太"抢戏"？
- 主持的形式是否灵活？
- 主题的线索是否清晰明了？
- 选择的案例素材是否切题？

三、主题班会的组织实施阶段

组织实施阶段是在主题确定以后，以班级为单位，由老师和学生们共同参与，共同实施班会计划的过程。班主任要完成以下几个方面的工作：首先，要合理安排时间。因为一次主题班会只有45分钟的时间，因此，每一个阶段都必须有准确的时间规划。其次，要考虑好角色的分工，确定是由老师还是由学生来主持班会。再次,如果主题班会上要使用多媒体的手段,还要准备好所需的媒体介质和硬件设施。此外,有的主题班会不限于本班师生参加,还会邀请家长或者其他年级的学生代表参加,班主任在主题班会的实施阶段要做好协调各方面人员的工作。

1. 主题的导入

主题的导入是主题班会实施的第一个阶段,导入的方式也是影响学生对主题班会的兴趣与参与热情的重要因素。如果导入的形式新颖,导入的活动具有趣味性,并能引发学生的情感共鸣和思考,就会给接下来的主题活动打下良好基础。相反,如果班会导入的形式僵化、呆板,具有强烈的表演色彩和说教意味,那么,很容易让学生对主题班会产生抵触情绪或排斥心理。主题班会的导入形式应符合以下要求:

(1)简捷。

主题班会开始以后要尽快导入主题。在实践中我们发现,很多主题班会绕了很大一个圈子,才迟迟进入主题,这样不仅让学生觉得班会拖沓、繁琐,而且也不利于凸显主题。

(2)朴实。

有的班会为了增强感染力,调动学生的情绪,采用华丽、煽情的主持词来导入主题,虽然主持人声情并茂,文辞优美,但是,因为脱离了学生真实的生活,给人留下"做秀"的感觉,极易给学生留下不良的第一印象。

(3)生动。

主题班会如果在导入上另辟蹊径,给学生耳目一新的感觉,可以极大地增强班会的趣味性和吸引力。特别是对一些严肃的话题和主题,借助视频、图片等形式可以大大提升活动的感染力。

(4)启发性。

主题班会导入的内容如果具有较强的启示意义,能够在唤起学生情感共鸣的基础上,引发他们的深入思考,则更能调动学生的积极性。特别是对于具有抽象思维能力、开始关注社会问题的中学生来说,导入活动的启发性尤其重要。

 小贴士

主题班会导入的常见方法

故事导入：通过当下大家关注的问题、有启示意义的典故等来导入主题。

视频资料导入：通过有趣的，或者能带给学生深刻启示的、具有很强教育意义的视频资料导入主题。

趣味活动导入：通过学生喜欢的游戏活动、趣味智力活动，以及趣味心理测验活动导入主题。

问题情境导入：通过制造冲突的问题情境来导入主题。

导入主题的素材和资料一定要进行精心挑选，进行充分的讨论和验证，以确保素材契合主题内容，避免刻意的"间接导入"，避免主题与素材不匹配，"强拉硬扯"，产生画蛇添足的负面效果。素材的选择要符合以下要求：

- 典型性：具有代表性，能充分阐释主题，并增强对这一问题的理解。
- 贴近性：贴近主题，与学生的生活和兴趣接近。
- 启发性：具有启示意义，能引发学生对某一问题的深入思考，带给人有益的启示。

案例：慈爱无疆，孝心无境

班会背景

很多老师都会觉得这个主题不是很新颖，确实如此。但是在市教育系统最近开展的"大走访"活动中，我们通过座谈、调查、家访等形式，发现很多孩子不理解父母，顶撞、反抗父母的现象时有发生，对父母平时的关爱熟视无睹，觉得是理所应当的。上周，我们学校初三年级的学生到实践教育基地封闭训练了五天，和学生一起去的老师回来反映说，有不少孩子是把脏衣服攒起来，带回家让父母洗。

这两件事让我们学校的领导和老师感触很深，我们觉得"亲情教育"

第四讲　班会拼图：主题班会设计与实施的一般过程

怎么谈都不过时，孝道怎么做都不为过，"感悟亲情"的主题班会多开几次也是非常有必要的！就在这样的背景下，我们临时决定准备开这样一节主题班会。

班会目标

"慈爱无疆，孝心无境"这八个字不仅是我们的班会题目，更是我们想要传达的理念。"慈爱无疆"就是想通过系列活动，让学生真切地体验亲情的无私和伟大；"孝心无境"是希望通过这次班会让学生们从现在做起，从点滴做起，以实际行动来回报父母，明白孝道是永无止境的。

班会过程

1. 通过一组选择题的前后对比选择，让学生们深刻地领悟，所有的感情在父母之爱面前都黯然失色！父母之爱是最伟大最无私最亘古不变的！

老师首先让大家回答下面两个趣味心理测试题：

第一题：他很爱她。她细细的瓜子脸，弯弯的娥眉，面色白皙，美丽动人。可是有一天，她不幸遇上了车祸，痊愈后，脸上留下几道大大的丑陋疤痕。你觉得，他会一如既往地爱她吗？

老师给出三个答案请学生选择：

A. 他一定会

B. 他一定不会

C. 他可能会

第二题：她很爱他。他是商界的精英，儒雅沉稳，敢打敢拼。忽然有一天，他破产了。你觉得，她还会像以前一样爱他吗？

老师同样给出三个答案请学生选择：

A. 她一定会

B. 她一定不会

C. 她可能会

2. 老师准备了一组父母在孩子危急时刻或生死关头毅然牺牲自己、拯救孩子的动人故事。虽然这些事例不是我们每个人都能经历的，但我们想通过如此震撼人心的事例敲击孩子可能已经有些麻木的神经，触动他们，感动他们，进而改变他们。

3. 从班级中征集了六个发生在学生身上的不同侧面的亲情故事，通过学生的讲述和老师的点评推荐，引导他们将视野放在自己父母的身上，放在身边的小事上。我们想传达给学生的信息是：平凡的父母身上蕴含着不平凡的力量，平淡的生活中其实包含着深刻的感动，只要我们用敏感的心去发现。

4. 老师设计了一组孝心测试题，包含了生活的不同方面。这个环节的设计旨在引导学生发现：和父母对我们的付出相比，我们对父母的关注这么少。这种测试比一味的说教和灌输更真实、更自然。

5. 总结升华。老师设计了让学生给父母写几句话或谈体会这一灵活的形式，让孩子的情感在最后一个环节得到彻底的升华和释放。此时，老师用台湾著名作家龙应台的话表达父母的不易和苦涩，点拨和升华就显得水到渠成了。

（案例提供者：山东威海市荣城二中　冯玉环）

案例评析： 这个感恩主题班会以一个趣味心理测试题导入主题，比较新颖。学生们绝大多数都选择了 C，老师话锋一转，提示大家：我的测试题没说清楚，你们都理解错了。第一个题里的男人不是女人的情人或丈夫，而是她的爸爸；第二个题目中的女性也不是男人的情人，而是他的妈妈。请大家重新选择一次。这一次大家的选择全变了，同学们都毫无例外地选择了 A。

根据选择的结果，老师如果能不失时机地启发大家：对这样一种深厚的情感，我们考虑过多少？关注过多少？我们是否想到过，如何回报这样一种深厚的情感？由此导入本次感恩父母的主题班会，那么班会从一开始就抓住了学生。

在这个班会的设计中，老师并没有让学生进行真实的现场体验，但是，这个心理趣味测试同样震动了学生的心灵，触动了他们的情感，并由此引发了他们更深层次的思考。

2. 主题的展开和深化

主题的展开与深化是在主题导入以后，通过有效的活动，让学生深刻体会主题教育的内容，获得关于主题的态度、体验和经验的过程。在这个环节，班主任要根据主题和学生的特点选择适宜的活动形式，创设体验的空间，丰富学生的感受，或者通过同学们充分的讨论和不同的经验分享，深化他们的感受，提升他们的认识。

（1）主题深化阶段常用的活动形式。

- 体验型活动。此类活动是主题班会中最常见的，就是给学生提供相应的体验空间，使他们获得对某个主题内容的比较深入的体验，从而加深他们对相关教育内容的深入理解。

- 讨论型活动。学生在老师的正确引领下，围绕某个主题进行深入的探讨或辩论，从而获得对某一问题的深入理解和清晰的认识。

- 表演型活动。通过模拟一定的生活场景，让学生扮演某一生活场景中的角色，来获得关于某一问题的深刻体验。比如心理剧和道德情景剧就是班级活动中经常使用的体验方式。

- 叙事型活动。通过一个事件、故事的讲述，调动学生对这个故事的体验，唤起学生的情感共鸣。

- 综合型活动。以上介绍的体验型、讨论型、表演型以及叙事型，实质上都是一种理论上的划分，真正的主题班会中，往往是两种或几种类型的综合。比如"感恩父母""感恩老师"的班会，就会用到叙事、讨论、体验等多种活动方式。

（2）提升教育实效性的"三原则"。

主题的展开和深化是整个班会实施过程中的"重头戏"，是决定主题班会教育实效性的关键环节。要达成此阶段的教育实效，以下三个原则需要认真关注。

- 体验性原则。尽管教室的空间有限，但是在主题班会的实施过程中，班主任还是需要优先考虑和安排学生的体验活动，采用角色扮演、情景剧的形式让学生获得相关角色的心理体验，并结合视频、动态图片等媒体资源丰富学生的情感体验。

- 交互性原则。主题班会是全班同学共同参与的活动，因此在活动过程中，除了考虑让更多学生参与到活动中来，还要考虑如何让同学之间有更多相互交流，有机会进行经验和观点的分享，让他们在交互性的学习中受到他人的启发，实现"学学相长"。

• 深刻性原则。主题班会上的体验活动尽管花样繁多，但是如果不能充分调动学生的积极性，凸显学生的主体地位，也极易导致形式主义的"表演秀"和走过场，因此，必须设计能让学生深度参与的活动形式，让学生积极主动地投入到体验活动中，有深刻触动和独到发现。

疫情期间，笔者与工作室的老师们尝试进行线上的微班会设计创新，在活动中凸显上述三个原则。

案例：秀图时间

起初，"秀图时间"就是让学生们把自己上网看到的与疫情生活有关的图片和摄影作品拿出来与大家分享，这样一方面可以增进学生们之间的相互了解，分享各自的经验、体会，另一方面，也通过这种喜闻乐见的形式让学生理解和体会图片中有教育价值的内容，特别是疫情下的生命教育、关爱教育和责任教育等方面的内容。

起初的活动设计是这样四个步骤：

（1）选出自己认为最感人的图片。

（2）阐述自己选择的依据和理由。

（3）同学之间的感悟和体会分享。

（4）老师的观点表达和教育引领。

但是，几次活动以后，很多班主任就反映因为活动形式单一、固定，且模式化，学生对活动的兴趣逐渐减弱，发言和分享也因为线上课程的制约而流于形式，学生只是被动式参与。于是，我和老师们尝试改进活动形式，以增强活动的趣味性、探究性、创见性：

（1）讲一讲：讲一讲你理解的画面里的故事，把图片、摄影作品扩展为一个故事，讲给大家听。

（2）想一想：试着给这张摄影作品、图片起个名字，要求所起的名字能揭示图片或摄影作品的内涵，并且有创意，有个性。

（3）试一试：以小组为单位给照片配上一段适宜的背景音乐，烘托画面的氛围或丰富情感的表达。

（4）演一演：根据合理想象，把图片或摄影作品扩展为一个情景剧，写出脚本并在线上进行展演。

通过活动"变式"，学生们参与活动的兴趣大增，特别是给作品"起名字"的活动，学生们各抒己见，有相互学习，也有观点的交锋和争论，锻炼了学生的抽象思维能力，也加深了他们对图片故事中人物、事件的理解。

给图片和摄影作品"配乐"的活动，更让孩子们有了大显身手的空间，他们不仅在"配乐"中提升了音乐欣赏能力，丰富了审美体验，而且也加深了对图片故事中人物和事件的情感体会。

小贴士

班主任要善于动态调整班会进程

主题班会设计中虽然有每一个阶段用时计划的时间表，但是，也需要班主任根据班会进程和现场氛围，进行动态调整。例如，在班会方案中，研讨交流的时间是5分钟。但是，问题提出来以后，大家的兴趣浓厚，围绕话题的争论也异常激烈。5分钟时限到的时候，还没有得出实质性的讨论结果，这时，如果按照既定的时间表，强行结束任务，显然是不科学的。有经验的班主任会拉长讨论的时间，让问题讨论得更加深入，学生的体会也将更加深刻，而未完成的内容可以移到下次班会来完成。

（3）主题班会的主持人。

在主题班会的组织实施阶段，一个急迫的问题就是主持人的确定。班会是应该由学生来主持，还是由老师来主持？很多老师对此十分困惑。班主任主持班会，能充分发挥主导作用，但是，会有"包办""灌输"的嫌疑，且影响了学生主体性的发挥，所以，很多老师都采取了简单的"无风险"的处理方式：把班会交给学生来主持。因此，主题班会形成了相对固定的模式：通常由学生来主持，而且是一男一女两个主持人。

事实上，主题班会的主持人可以灵活选择，既可以由学生来主持，也可以由老师来主持，还可以由老师和学生共同主持。关键是要根据主题的特点和学生的年龄特点，以及活动的难度和复杂程度来确定由学生主持还是班主任主持。

• **学生主持。**这是主题班会最常见的形式，也是我们很多老师习惯使用的方式。由学生来主持班会，可以充分发挥学生的主体作用，体现让学生成为班会主人的设计理念。但是，在实践中我们发现，由学生来主持班会也会带来一些负面影响。比如，主持人的年龄小，难以掌控班会，无法体现老师的设计意图，难以达到预期的教育效果。此外，学生主持人说着与年龄不符的华丽的主持串词，这种模式往往加重了表演的氛围，也容易给人以"做秀"的负面印象，还会削弱其他学生的参与热情。这样，主题班会往往就变成了主持人布置任务、安排活动、全体同学都被动听从主持人安排的局面。

要想使学生主持的主题班会达成预期的教育效果，首先，班主任要和主持人提前沟通，让主持人明确自己的角色定位：是主题班会的"串连者"，而不是主题班会的主角，要通过自己的"串连"，完成主题班会各个环节的有效衔接，让每一个活动都取得最佳的教育效果。

其次，串词要写得平实、朴素，做到感人但不做作，既充分体现主题班会的思想，能引发学生的思考，引发学生情感的共鸣，又不要成为华丽空洞的"骈文"。

最重要的是，主持人要充分了解班会的设计意图和核心理念，因此，班主任要做好前期的沟通与交流工作。

• **老师主持。**班主任主持班会是另一种有代表性的组织实施方式。班主任主持主题班会可以充分发挥自身的主导作用，贯彻自己的设计意图，并能够根据班会的进程和氛围进行动态调整和掌控，进而全面提高主题班会的教育实效性。但是，班主任主持也会出现一些问题。比如，班主任主持会造成以"教师为中心"的问题，即主题班会成为教师的表演舞台，班主任成为主题班会的"中心"，影响了学生主体性的发挥。其次，教师主持会加重"上课"的氛围，容易给学生造成老师又在"上课"的印象。为避

免这种情况发生,班主任要注意做好以下具体工作:

首先,教师明确自己的角色定位,要不断提醒自己本次课是班会课而不是文化课,必须设法调动学生的主动性,激发他们参与活动的兴趣。

其次,在班会实施之前,教师要对班会进行精心的设计,特别是活动环节要优先考虑如何调动全体学生的积极性。比如,在组织活动中,要避免指定学生回答问题,可以借鉴价值澄清的模式,让学生对问题进行广泛的讨论,最后由学生自己做出选择。

再比如,采用小组讨论的模式,让更多的学生参与到活动中来。在小组讨论时,可以使用展示板,让小组充分交流,最后将观点归总,这样的方式能使讨论生动有趣,吸引学生。还可以采用就一个问题进行小组辩论的形式,制造观点冲突,引发大家的关注和参与兴趣。

此外,教师要善于运用多种教学展示手段,特别是要充分运用多媒体形式,变换活动形式和内容,增强活动的趣味性和吸引力,丰富学生的感受,提升活动内容的感染力。

• 老师主持+学生主持。这种主持模式通常是教师在主持班会的时候,把部分活动内容交由学生主持。这种形式在一定程度上可以避免上面提到的问题,但是,也需要班主任根据班会的内容和形式进行精心设计和安排。一般主题性强、需要进行深入讨论的班会宜交给老师来主持,有活动展示和总结交流性质的活动适宜交由学生来主持。另外,在主题班会的计划安排中,也要考虑班会主持形式的变化,教师主持和学生主持的班会最好穿插进行。

 小贴士

主题班会实施阶段班主任要关注的细节
• 老师上课之前不问候来宾,不与来观摩班会的人打招呼。班会观摩本身就容易给学生造成在表演给别人看的错觉,提前问候来宾则会强化学生"在舞台上"的感觉。为了表示礼节,可以在班会结束、学生退场以前,与来宾告别、致意。

> - 老师提问时要面向全体学生,让每个同学都参与。如果没有发表意见的任务,大多数同学会"游离"于活动之外,不能把注意力集中在活动上。
> - 老师提出问题后,要给学生留出足够的反应时间。如果学生没有足够的时间进行思考,他们的回答往往会基于表面现象,不可能深刻。
> - 避免"一问一答"的僵化模式,避免"老师牵着学生的鼻子走"。要引导学生思考,让学生在深刻体会的基础上,自己构建出观念和想法,真正体现学生的主体性。

3. 主题总结和提升阶段

(1)"画龙点睛"的必要性:班主任总结发言的意义。

班会实施的最后一个阶段是"总结和提升"。这个阶段是在班会结束时由老师和同学共同总结班会的体悟,进行主题的深化和提升。总结和提升是一个主题班会必不可少的环节,没有这个点睛之笔,主题就很难突出。适宜、恰到好处的主题提升有助于学生获得关于班会主题的清晰的印象。

在主题班会的实施过程中,有些老师会忽略这个重要的环节。我们常看到这样一些班会,班会一开始,老师就把主动权交给了学生,老师则退到了幕后,最终班会结束时,老师只是站在台上仪式性地宣布"我们的班会很成功",完全没有总结和提升。事实上,主题班会的提升环节不仅是决定主题班会实践效果的最重要的环节,而且也是检验主题班会中教师是否充分发挥了主导作用的重要参考指标。班主任的总结发言具有以下重要作用:

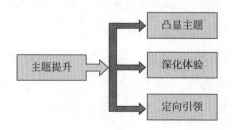

- 凸显主题：在班会上，活动除了能够增强主题班会的吸引力，调动学生的参与热情以外，也会带来"负效应"，就是活动有时会淹没主题。活动结束前班主任对活动进行全面概括总结，重申主题内涵，结合班会中的活动，进一步阐释主题的内涵，会使学生的注意力重新回到主题上来，更好地凸显主题教育的意义。
- 深化体验：班主任在主题班会的总结发言中会有真实的情感表露，老师的情感状态会引发学生的强烈共鸣，老师发言中的分析视角和个性化解读也会加深学生对所讨论问题的理解。
- 定向引领：对学生进行正确的价值引领和方向引导，使学生对主题教育内容的理解朝向老师所期望的方向。

我们还以常见的感恩主题班会为例，班会后学生对父母的养育之恩有了深切的体会，并有了回报父母的行动意向。老师可以通过《增广贤文》中"堂上二老是活佛，何用灵山朝世尊"的古训启发学生，让他们今后注意关爱父母要从身边的小事开始，在生活中做个有关爱之心的人。

老师还可以做进一步的启发和引领，借助"孝道无穷，及时为贵"和"树欲静而风不止，子欲养而亲不待"的尽孝之道，让学生明白，尽孝就在当下，不要在父母离开我们以后再抱憾终生。

（2）班主任在总结发言中需要情感融入。

德国哲学家和教育家亚斯贝尔斯说："教育就是用一棵树摇动另一棵树，用一朵云去推动另一朵云，一个心灵去感化另一个心灵。"其中的隐喻强调了教师在教育过程中需要真情挚感的投入。

在主题班会上，教师的情感投入是影响教育效果的决定性因素之一。如果班主任总是像一个局外人，或以一个对别人发号施令的训导者的身份出现，而不是全身心地融入活动，那么只凭借班会结束前宣讲几句"大道理"，或是一些言不由衷的"鸡汤文"，这样的班会总结发言不仅不能打动学生，反而会有负面效果。比如，在感恩主题的班会上，老师面对感人的故事和情境表现得无动于衷，那么学生就会形成老师只是在教育别人、自己没有投入感情的印象。

另一方面，情感往往具有感染性，老师的真情流露会进一步感染学生，营造更好的情感氛围。

在一个高中的主题班会上,班主任在总结发言的环节,和同学谈了自己的一段辛酸往事:常年在外求学,少有机会回家和父母团聚,总是想学业有成、功成名就后再回去回报父母,孝敬父母。可是,等到他觉得自己有了成就,有了足够孝敬父母的资本时,母亲却因为意外永远离开了人世。这位老师说,每次看到别人相伴父母左右,其乐融融的场面,自己就会感到无尽的愧疚,也因此更加体会到了古人说的"孝道无穷,及时为贵"的真意,以及"树欲静而风不止,子欲养而亲不待"的无奈。老师深情地说:"我们每个人都要记住,在父母还有能力享受我们的孝心的时候,一定要尽自己所能,从身边的每一件小事开始,回报父母。"老师说到动情之处,忍不住潸然泪下,班上的同学们也都留下了热泪。老师的情感投入,感染了每个同学,深深触动了他们的心灵,而且,这样坦诚的交流和真情的流露,也进一步增进了老师和学生的情感联系。

 小贴士

总结发言的三个小技巧

- 尝试使用设问句:自问自答,问的是学生要思考的问题,回答是对问题的解读。
- 把道理变成故事:在总结发言中,如果想要表达的内容过于抽象、晦涩,不好理解,可尝试把这些内容变成学生听得懂又有趣的故事。
- 让学生自己得出答案:通过对所提出问题的分析,充分启发、引导学生,让学生自己得出答案。

第五讲

方圆规矩：主题班会设计与实施的原则

问题导引：

- 主题班会设计与实施中要遵循哪些基本的原则？
- 从哪些方面实现主题班会设计的计划性？
- 整合性原则指哪些方面或要素的整合？
- 主题班会的组织实施中班主任要在哪些方面发挥主导作用？
- 怎样提高主题班会的针对性？

《孟子集注》中说："事必有法，然后可成。师舍是则无以教，弟子舍是则无以学。"这里所说的"法"，可以理解为我们进行教育教学的基本原则和要求。在俗语中也常有这样的表述：没有规矩无以成方圆。那么在主题班会的设计与实施中，是否也存在一些必须遵从的"方圆规矩"呢？

班会的主题各不相同，学生的特点千差万别，因而班会的设计与实施必定会带有班主任自己的个性特点。但是，作为一种有计划、有准备的班级主题教育活动，在主题班会的设计与实施的过程中，依旧存在很多共识性的原则和要求。遵循这些原则和要求，可以确保主题班会设计与实施的科学性，同时，对这些常规要求的把握，也成为我们评价他人的主题班会的科学依据。我们认为班主任在设计和实施主题班会中必须坚持三个基本原则：计划性原则、针对性原则和整合性原则。

一、计划性原则

学校价值教育要想真正提高实效性，除了形式上的创新，还必须针对价值教育的内容和学生不同年龄阶段的心理特征，对价值教育进行系统的整合设计。要着力提高学校主题教育活动的计划性，制定学校主题教育活动的课程纲要，确定不同年龄阶段价值教育的主题内容、教育原则，以及活动评价的标准与要求。

计划性是班主任设计与实施主题班会的基本要求，班主任要把重要的主题班会计划写进自己的学年和学期工作计划中，并提前做好主题班会方案和活动的前期准备。

1. 时间安排的计划性

有一次，我参加了一个主题班会的现场观摩，活动结束以后我问班主任，为什么想到设计这样一个主题，班主任回答说："前段时间学校迎接市里的教学检查，老师和同学都很紧张、劳累，检查终于结束了，就决定开个班会放松一下。"我和班主任老师就此讨论了主题班会的计划性问题。主题班会的确具有娱乐的功能，但是，我们不能由此以随意的方式和娱乐的态度来开班会。我们要把主题班会的设计纳入学校和班主任的日常工作中。主题班会不是可有可无的点缀品，也不是一个查缺补漏的附属物。它是学生教育管理中一个重要的组成部分，是班级整个学期计划和学年计划中的一个重要部分。

（1）从学年或学期工作计划的角度，确定主题班会的时间。

随着学校班主任工作和德育工作管理计划性的加强，很多学校都要求班主任在学期之初提交班主任工作计划，以确保班主任教育工作的计划性和系统性。班主任在做学年和学期工作计划时，应该把主题班会的时间安排与班级工作的整体安排结合起来，一个学期准备召开几次主题班会，每次班会的具体时间安排，每次班会的主题和针对的问题等，都要在班主任工作计划中有所体现。有了这样的整体设计和时间安排，才能从根本上避免主题班会流于随意和零散。

（2）从学生成长和发展重要阶段的角度，确定主题班会的时间。

发展心理学理论认为，个体心理发展既呈现出连续性，又具有明显的阶段性特征，因而学生的心理发展在不同的阶段会表现出明显的阶段性特征，也就是说，不同阶段的学生所面临的心理发展任务是不同的，而且，在一些特定的阶段还会表现出"关键期"的特性，即个体在某个阶段生理发育和心理发育会出现加速的趋势，因而个体面临的问题和困扰也会增加。

班主任要针对这些特殊阶段和关键期，确定主题班会的时间，进行有针对性的干预。

（3）从主题班会与其他教育形式相互配合的角度，确定主题班会的时间

班主任在制订工作计划时，除了确定主题班会的时间以外，还要统筹安排其他教育活动。因为主题班会只是班级教育活动之一，而不是唯一的教育活动。班主任应该从功能整合和形式补充的角度，整体设计主题班会的主题内容和时间安排。另外，主题班会的设计可以体现隐性德育的理念，所以，班主任在确定主题班会的时间时，可以尝试把主题班会与学科课程进行有机整合。

2. 主题内容的系统性设计

主题班会的主题设计要打破单一主题和一次性主题的设计模式，要根据学生发展的年龄特征和发展需求，从系统课程的角度设计一个学年段或年龄段的主题班会的系列主题，使这些主题不仅契合学生的年龄特征和阶段性心理需求，同时，系列主题本身也构成了一个层层推进、螺旋式上升的课程体系。

班主任在主题班会设计中，应完成横向的内容维度的系列设计、纵向的时间维度的系列设计、同一主题的系列设计三个方面的具体任务。

（1）横向的内容维度的设计。

要确定不同年龄阶段学生价值教育活动的不同主题，需要把主题教育中关涉的内容通过主题内容的选择和计划体现出来。以学生良好品格的培养为例，我们在主题选择和活动内容确定的过程中需要考虑良好品格所包含的基本特质，如理想、信念、人生观，以及个人良好品格中的感恩、责任、关爱、慎独等内容，通过价值教育活动体现这些主题，让学校价值教育的主题活动尽可能全面地覆盖价值教育的内涵。

从学生发展所面临的现实任务来看，也可以进行总体的内容设计和规划。按照发展心理学关于个体心理发展的解释，个体心理的发展包括生理的发展、认知能力的发展和社会性的发展。生理发展中包括了学生动作的

发展，身体器官机能的不断完善。因此，我们要考虑到学生发展过程中可能遇到的问题，要帮助学生顺利地度过某些特殊阶段的生理发展的"关键期"，更好地促进他们的发展。例如，小学阶段的视力保护，初中阶段的身体发育与性心理教育等，都应该成为重要的内容。

个体认知发展也是学生发展的重要任务。从小学到初中，学生的思维类型和思维能力会出现巨大的变化，要完成从形象思维到抽象思维的过渡，学习方式和习惯也会发生变化，学习困难和厌学等学习适应不良的问题会随之而来，成为影响学生认知发展的重要因素。对这样一些阶段性的共性问题，可以通过主题班会的教育形式，进行有计划的系统干预和解决。

在个体发展中，个性和社会性的发展是更重要的内容。早期的心理和品格教育环境以及初期影响，决定了他们未来的人格特征和道德品质发展的走向。在小学和初中阶段，班主任要研究学生个性和社会性发展的规律，通过系列的主题活动培养学生良好的情感品质和意志品质、关爱和感恩的情怀、乐群与合作的精神，强化他们的学业动机与成就动机，进而培养他们规划未来、设计未来的意识和能力。

（2）纵向的时间维度的设计。

每个年龄段的学生面临着不同的发展任务，他们的学习特点、学习需求，以及学习形式也因为不同的学段而有所不同。因此，班主任有必要按照纵向的"时间轴"来研究不同学段的学生适宜进行的教育内容，使主题教育更具有针对性。

例如，从初一到高三的六年间，我们可以根据每个阶段学生的年龄特征，以及班主任自己对班级情况的深入调查和了解，来确定具体的教育主题。初一阶段以适应新生活为主题，帮助学生适应新生活。初二是青春期问题较为突出的阶段，可选择与青春期特点相关的教育主题。初三学生面临中考，可以把励志教育、促进学业动机与主题教育进行结合。高中的学生面临职业和人生发展规划的现实课题，主题教育要紧紧围绕学生的成长需求进行职业生涯规划、社会责任感的主题教育。

中学主题班会的纵向时间维度系列设计

有了这样一个纵向的时间维度的思考方向,班主任还可以对主题班会的主题研究进行更为细致的筹划,在"大目标"的统领下,设计出更具操作性的主题内容,实现每一次主题班会的"小目标"。以下是笔者和班主任们共同研究确定的中学主题班会的主题系列初步计划。

中学主题班会的主题年级递阶系列

年级	主题模块	主题名称	活动目标和内容
初一	适应中学生活	我们的昨天、今天和明天	帮助学生了解中学和小学在学习内容、同学关系等方面的差异,顺利实现小学到中学的过渡。
		让我们从好的学习习惯开始	帮助学生了解中学阶段和小学阶段在学习内容和方法上的差异,适应中学的学习要求,培养好的学习习惯。
		怎么面对新伙伴	帮助学生了解自己进入中学以后在同学关系和朋友之间交往方面的变化,学会处理中学阶段的同伴关系,度过初一的人际陌生期。
		我们长大了	通过让学生列举自己从小学到初中阶段生理、心理方面的具体变化,体会自己成长的过程,了解长大成人后将面对更多责任和义务的事实。
初二	青春期教育问题	破解我们的身体密码	通过多媒体,了解自己在青春期身体的变化,并学会接受这些改变。

续表

年级	主题模块	主题名称	活动目标和内容
初二	青春期教育问题	做自己青春期的心理医生	帮助学生了解在青春期可能面临的心理困惑,让学生对青春期要面对的挑战有全面的了解。
		小小少年,几多烦恼	帮助学生了解青春期出现问题的必然性,让学生学会积极面对问题,并确立通过自己的努力解决问题的正确心态。
		我的青春我做主	帮助学生了解与父母可能发生的代际冲突和矛盾,学会自我调节和自我把握,顺利走过青春期。
初三	励志教育	我是真金!总有耀眼一刻	增强学生对未来的信心和自我效能感,强化学生的成就动机。
		人生需要"进球"的体验	以足球运动员进球的狂喜为喻,让学生了解成功对人的意义,体会成功带给人的巨大快乐。
		人生没有时空隧道	让学生体会"盛年不再来,一日难再晨"的紧迫感,并学会珍惜现在,把握现在。
		像毛竹一样生长	通过故事分享,让学生了解毛竹在六年生长期间,前五年在竹笋破土之前一直在发展根系,最后一年才快速生长的特殊过程,体会要想获得成功,前期付出和准备的重要性。
高一	融入群体的教育	说说乘坐方舟的规则	通过角色扮演的方式,让学生体会,在一艘船上船长、船员、旅客为什么要各司其职,并遵从统一的规则和要求。
		别让玫瑰在自己的手里凋谢	以介绍"赠人玫瑰,手有余香"的典故作为活动切入点,让学生体会助人的快乐,学会赏识自己助人的境界。
		生活因感动而精彩,喜悦因分享而永恒	通过活动让学生体会到分享的快乐、助人的快乐。让学生明白分享、合作不仅会赢得他人,更在于能让自己获得快乐。
		说说班级里的社会学	通过班级读书交流会的形式,让学生了解自己身边的社会学,学会用社会学的视角看待班集体和同学交往。

续表

年级	主题模块	主题名称	活动目标和内容
高二	男女生交往指导	做个聪明的拾穗者	以一个人在麦地里拾麦穗的时机选择为切入点,讨论早恋现象,让学生体会恋爱时机的重要性。
		别让鲜花逆季开放	通过花开有季的道理,让学生体会和感受爱情的到来和鲜花开放一样必须遵从内在的规律。
		不把糖人当馒吃	通过糖人和馒头的故事导入话题,让学生体会同学间的友谊是纯真的、高尚的,如果总把私利和贪欲掺杂其中,就如同把漂亮的糖人当馒头来充饥,美好没有了,饥饿问题却并没有解决。
		做个真正的绅士	让学生通过讨论和交流,体会什么是真正的绅士风度,绅士风度不是做作、表演,而是内在品格的流露。
高三	生涯规划指导	为四十岁做准备	通过了解一个人职业发展必须经历的几个重要阶段,让学生体会"预则立,不预则废"的道理,并鼓励他们从现在做起,努力为自己成年后的成功积累资本。
		车到山前必有路吗	通过对俗语"车到山前必有路"的解读分析,让学生明白未雨绸缪的道理,避免"车到山前,死路一条"的窘境。
		知己知彼:说说我们的职业规划	通过小组交流的方式,让学生谈谈自己的职业规划,也可以邀请职业设计的专业人士给学生讲解自我设计和自我规划的重要性。
		当机遇来敲门,我们准备好了吗	通过《圣经》第25福音书里面"10个童女与王子赴宴"的故事导入班会主题,提醒大家在机遇来临时只有做好充分准备的人才能把握机遇,激励同学们努力学习,争取考进理想的学校,选择自己喜欢的专业。

上述主题系列计划是笔者的个性化思考,未必具有通识性,不可能成为每个班级主题班会设计的范本,不过,这样一个思考框架和解决问题的思路可供参考和研究,老师们可以结合自己班级里的教育问题,对此框架

作进一步补充、完善、调整。

（3）同一主题的系列化设计。

除了以上两方面的系列化、系统化的思考方向，班主任还要做好同一教育主题的系列化设计，即把一个主题再进行拆分和细化，让同一主题在两次或者两次以上的班会时间内完成。因为一次班会只有四十多分钟，不可能承载过多的内容。在设计班会时班主任必须考虑到一次教育活动的容量，同时要考虑到一次教育活动后教育效果的巩固、活动的延续和跟进问题，有时需要针对一个主题活动做好计划，分成两次甚至三次来完成。同一主题的系列化设计可以考虑以下几种方式。

- 主题拆分。把一个大的主题拆分为两个或三个部分，即把一个包含较多内容的主题活动分成两次或者三次来完成。这种拆分主要考虑到一次班会的容量和承载力，所拆分的内容大多是同一内容维度之下的，用一个公式来形象地描述就是：$A=A_1+A_2+A_3$。例如，在感恩主题中，第一次班会的活动目标主要定位在感受和体验的层面，通过活动让学生深刻体会父母的养育之恩；第二次班会则把目标定位在行动层面，要让学生在感恩父母的情感体验基础上，考虑如何用自己力所能及的实际行动回报父母；第三次活动可以定位在感恩的扩展层面，让学生体认感恩与责任的关系。

- "母""子"相加。这是一种"总—分"的模式，即第一次班会是一个大的主题的介绍和开端，后续的几次班会是第一次班会构成要素的具体展开。如果也用一个公式来形象描述，就是 $A=a+b+c$。例如，和环保相关的主题班会可以采取这样的形式来设计：第一次班会是《环保：一个不能不说的话题》，这次班会主要让大家体会环保的意义和迫切性，强化大家的环保意识和责任意识。以后的三次班会分别是《今天你低碳了吗？》《从我开始：环保其实很简单》《做个环保的宣传大使》，从不同的侧面展开环保的话题，让学生学会过低碳生活，注意身边的环保细节，以及向周边的人宣传环保理念和最简便易行的环保行动等。

- "活动"组合。在同一主题的设计中，还可以从活动形式切入，进行系列设计，即把不同形式和内容的两次或几次活动组成一个主题系列，使两次或者几次活动服务于一个主题，使不同的活动形式和内容成为有机的整体。具体操作中可尝试以下办法：

课外实践活动＋教室总结活动：在主题班会之前安排一次开放式的实践活动，主题班会是对上一次活动收获的集中展示、交流和总结。

班级主题班会集体活动＋各小组的集体活动＋集体展示交流活动：主题班会是一次大的系列活动的开端，主要完成活动动员、活动介绍和热身的功能，接下来的活动是课外的小组活动，最后，再召开一次主题班会进行活动的总结和深化。

班级主题班会集体活动＋个人活动＋集体展示交流活动：与第二种方式相近。第一次主题班会是一次大的系列活动的开端，主要完成活动动员、活动介绍和热身的功能，接下来是个人的实践活动，最后，再召开一次主题班会进行个人活动情况和收获的交流。

案例："三大主题"的分解

班主任常把"关爱—感恩—责任"称为班会中的"三大主题"。基于同一主题系列化设计的思路，我们可以把每一个大的主题分成四个小主题来完成，使四个小主题之间形成由低到高的上升序列。通过完成四个小的主题教育，进而实现大主题的教育目标。

核心主题	分解主题
关爱	生命不能承受之重——爱惜自己，保护自己
	我们的父母不再年轻
	帮助同学其实很简单
	假如老人摔倒在我们面前
感恩	我们了解自己的父母吗？
	世上不止妈妈好——父亲节的礼物
	父母是我们永远不变的依靠
	孝道无穷，及时为贵
	怎样才是对父母最好的回报

续表

核心主题	分解主题
责任	生活的细节话责任
	辩论会：幸福就是一切吗？
	说说给自己立法
	我们一起品"慎独"

 小贴士

为什么班会时间不够用？

很多班主任老师在主题班会中经常觉得时间不够用，很多想要表达的东西没有在 45 分钟内充分展开，很多环节，不管是讨论、体验，还是最后的总结、提升，都因为时间不够而变得像蜻蜓点水，其原因就在于班会设计的内容超出了 45 分钟的承载力。解决这个问题可以采取主题系列化设计的方式。一个大的主题一次班会不能全部完成，可以分解为两次甚至三次班会把它完成，这样既可以增强主题班会的系统性和计划性，同时，也最大程度地保证了主题班会的实效性。

二、针对性原则

针对性原则指班主任在主题班会的设计与实施过程中关照教育对象年龄特征和要解决的具体问题，在此基础上确定班会的主题和目标，科学安排活动内容，选择活动形式，做到有的放矢。

主题班会的针对性主要指两个方面：其一，主题班会的主题必须针对班级中现实的教育问题，以解决具体问题为出发点。其二，必须关注学生特定年龄的阶段性特征，以学生的认知发展和社会性发展的一般规律为依据，设计班会的主题内容，选择适宜的实施方式。

个体的心理发展总体上表现出发展的连续性和阶段性特征，在每一个特定的年龄阶段都会表现出不同的阶段性特征。以少年期为例，这个阶段是一个充满矛盾的过程，少年表现出反抗性和依赖性、闭锁性和开放性、勇敢和懦弱、自卑和高傲、否定童年和眷恋童年等矛盾心态。这样的"矛盾性"引发了初中生的逆反心理，导致了亲子冲突。我们的主题班会就必须关注这些矛盾，解决学生的心理困扰，依据学生的心理特点来进行主题班会的设计。

1.关注教育对象的年龄特征，审视活动形式的适宜性

前面提到学生不同年龄阶段的心理特征问题，主题班会的针对性原则还要求考虑班会的形式和内容如何更好地符合学生的需求和兴趣。一方面，主题班会的活动形式要符合学生的认知发展水平，适合他们的思维水平和判断力，让学生在活动中听得懂，学得会，能理解；另一方面，还要考虑到主题班会的活动形式是否契合学生个性和社会性发展的规律，让活动内容贴近学生的生活，让他们在体验中领悟主题教育的内容，在活动创设的教育情境中，完成价值观的自主建构。

美国儿童心理学家科尔伯格的道德发展理论认为，道德判断的形式或结构反映了个体道德判断的水平。道德判断有内容与形式之别。所谓道德判断的内容，就是对道德问题所作的"该"或"不该"、"对"或"错"的回答，反映了人的道德立场；所谓道德判断的形式，指的是判断的理由以及说明理由过程中所包含的推理方式，反映人的道德思维结构。

科尔伯格把个体的道德发展划分为以下几个具体阶段：

水平	阶段顺序	基本特征
第一级水平 （前习俗水平）	阶段1：服从与惩罚定向	由外在要求判断道德价值 服从规则以及避免惩罚
	阶段2：天真的利己主义	遵从习惯以获得奖赏

续表

水平	阶段顺序	基本特征
第二级水平（习俗水平）	阶段3：好孩子的道德定向	以他人期待和维持传统秩序判断道德价值
	阶段4：维护权威和秩序的道德观	遵从陈规，避免他人不赞成、不喜欢 遵从权威，避免受到谴责
第三级水平（后习俗水平）	阶段5：履行准则与守法的道德	以自觉守约、行使权利、履行义务判断道德价值
	阶段6：个人良心式原则的道德观	遵从社会契约，维护公共利益 遵从良心式原则，避免自我责备

科尔伯格认为带有冲突性的交往和生活情境最适合于促进个体道德判断能力的发展。儿童通过对假设性道德两难问题的讨论，能够理解和同化高于自己一个阶段的同伴的道德推理，排斥低于自己道德阶段的同伴的道德推理，因此，围绕道德两难问题的小组讨论是促进学生道德发展的一种有效手段。由此看出，科尔伯格十分重视道德两难问题的构建、讨论和应用。事实上，道德两难问题也正是他阐述、分析儿童道德发展的一个重要基础和证据。

科尔伯格的理论为我们在主题班会的设计与实施中该采取怎样的方式提供了科学的依据。主题班会中的活动要根据儿童道德发展的水平来设计，活动的设计要多样化，特别是要让儿童在情景中体验和讨论问题。活动中提出的问题要有冲突的情景，要引发儿童的思考，要能够提升他们的道德判断能力。

案例：小小"家务岗" 收获快乐多

班会背景

当前，独生子女教育中存在的问题之一就是家长过分关注孩子的学业，而忽视对孩子生活、劳动技能的培养。对此，北京育英学校小学部在低年级段开展了"快乐家务岗"活动，活动的口号是——自己的事情自己做，不会的事情学着做。这项活动的开展实现了家校携手,帮助学生提高了劳动技能,培养了学生良好的劳动品质。

班级在前期开展了每周学会两项劳动技能,写体验周记的活动,并结合"家务岗"创编文艺节目,给敬老院的爷爷奶奶表演,还结合思品课"动物是人类的朋友"一章,创立动物学校,进行劳动技能比拼活动。因此,要通过一次主题班会来总结和展示前期的活动。

班会目标

体验自己做家务的快乐,交流自己做家务的感受,通过活动提升和巩固教育效果。

班会过程

班主任:同学们,从开学初到现在,我们班开展了"快乐家务岗"活动。在"家务岗"活动中,我们每个人都收获了许多快乐,正如我们这次班会的主题——小小"家务岗",收获快乐多!(全班齐诵)我们班"家务岗"的口号是:自己的事情自己做,不会的事情学着做,家务劳动快乐多!(全班齐诵)

班主任:同学们,从你们嘹亮的口号声中,我已经能感受到大家在"家务岗"活动中收获到的快乐了。昨天,我收到动物学校斑马老师的来信,它最近遇到点麻烦,想请我们二(6)班的同学去帮忙,你们愿意吗?愿意!(全班齐答)下面,我们一起"开火车"去动物学校。

我的火车马上马上就要开,谁来开,我来开!

儿歌:小火车,跑得快,轰隆轰隆……小火车跑得快,穿过峡谷和山脉,手拉着手肩并着肩,朝着目标奋勇向前,轰隆轰隆……(师生合唱)

班主任:对大家的到来,小动物们特别高兴,它们早早地来到教室等着我们,同学们带着头饰和小动物们坐在一起,我都分不出来了!下面我们一起来开班会。

主持人2:我是动物学校的小兔,对二(6)班同学和老师的到来,我们表示热烈欢迎。

主持人1:谢谢动物学校老师和同学们的热情招待,欢迎动物学校的同学和我们一起开班会,让我们一起唱一首这次班会的主题歌——劳动最光荣!

主持人2：鸟美在羽毛，人美在勤劳。

主持人1：劳动创造快乐，劳动创造智慧，劳动创造幸福！

主持人2：谁都知道劳动最光荣，可是在我们动物学校里，因为家务劳动的事情，引发了大家不少争议。

主持人1：是吗？我们去看看。

小猪妈妈：我是小猪的妈妈。小猪每天放学回来，就知道贪玩。我让他帮助做一些家务，他说自己学习忙，没时间，甚至早晨起来连被子都不叠。唉，都7岁了，什么家务都懒得干。

小鹿妈妈：我是小鹿的妈妈。我的孩子特别爱美。那天，她穿着新衣服去上学，回来发现扣子掉了，催我赶快帮她缝。我说，你都7岁了，应该自己学会钉扣子。小鹿说别的小朋友也不会，她也不愿意学。现在的独生子女，长大了什么都不会，可怎么办呀？

小象爸爸：我是小象的爸爸。要说小象，这孩子哪方面都好，爱学习，守纪律，在学校还主动做值日，表现非常好，还被评为文明礼貌好儿童、劳动小能手。可在家里，他除了写作业，一点家务都不干。难道现在的孩子都不愿意做家务？

孔雀贝贝：才不是呢！我是孔雀贝贝，我爸爸妈妈什么家务都不让我干，每天就让我看书、学习。妈妈说，你只要学习好，将来考上好大学就行了，家务我来做。有一天，我写完作业收拾书包，妈妈说，你放那儿吧，快弹琴去，我帮你收拾。我看到妈妈每天做饭很辛苦，就让妈妈教我。可是妈妈却说，你的任务就是学习学习再学习，考级考级再考级。我要参加舞蹈考级、英语考级、乐器考级，周日妈妈又给我报了奥数课外班，我都快累死了。

学生：你真是个苦孩子呀，我跟你不一样，妈妈什么课外班都没给我报，可是我爸爸妈妈也不让我做家务，他们请来小时工做家务。有一天，我想把红领巾洗了，妈妈说你别洗了，周末让小时工来洗。我说我要自己洗，妈妈说我洗不干净。没办法，家长不让我做，我也只好不做家务了。

主持人：刚才，我听了动物学校的家长和小动物们的谈话，感触很深。

在开展"家务岗"活动之前，我们的家长也有这样的担心，二（6）班的同学也有这样的顾虑。开展"家务岗"活动之后，二（6）班的同学对家务劳动的认识发生了很大变化，请看大屏幕——展示"家务岗"活动的照片。

我们的"家务岗"分两类，一是自己的事情自己做，二是不会的事情学着做。以前，像擦桌子、叠被子、扫地、购物、洗袜子这些力所能及的家务劳动，都是父母包办代替，现在我们自己的事情都自己做了。（多媒体展示）

在"家务岗"活动中，我们还学会了好多以前不会做的事情，像钉扣子、刷碗、做饭、择菜、炒菜、洗衣物等，做到了不会的事情学着做。

在家务劳动中，我们不仅提高了劳动技能，收获了快乐，还理解了父母劳动的艰辛，懂得了如何战胜困难。这是我们每一个同学钉扣子的作品，让我们为我们的杰作鼓掌！

这是根据同学们参加"家务岗"活动两周后的一次调查问卷制作的统计表，请李丹同学为大家做一下介绍。

学生：从统计表中可以看到，我们班的合格率已经达到百分之百。全班每一个同学的家长都非常支持"家务岗"活动，还给我们提出了不少建议，这也是爸爸妈妈对我们的鼓励。从调查表中还可以看出，"炒菜"和"蒸米饭"两项"再努力"的人数相对较多，说明这两项劳动技能正是我们不会做的事情，需要我们学着做。

老师："家务岗"活动不仅提高了我们的劳动技能，也培养了我们爱劳动的好品质。下面，我们一起来欣赏别开生面的"巧巧手大比拼"活动。

主持人：我是巧巧手大赛的主持人李丽，这位是巧巧手大赛的裁判员王民，这位是担任今天比赛的公证员翟玲。今天参加比赛的18名选手都是经过初赛选拔再参加复赛的同学，他们中获胜的前三名将获得"巧巧手"奖杯和证书，并且参加年级总决赛，预祝他们取得优异成绩。

首先是系鞋带比赛。有请6位选手上场（特色介绍），请6位选手做好准备！你们都准备好了吗？开始！加油！

（宣布名次、采访）请袁老师为获奖选手颁奖！祝贺你们！

主持人1：刚才的比赛真激烈！我都为选手捏了一把汗。

主持人2：不瞒你说，我原来都不会系鞋带，上学了，鞋带老开，我让妈妈给我买不用系鞋带的鞋。

主持人1：我也是。

主持人2：多亏了"家务岗"活动，锻炼了我们灵活的双手，下面请欣赏同学们在这次活动中创作的文艺节目。

主持人1：请欣赏我们自编自演的儿歌和三句半。

刷刷碗，洗洗锅，

各种餐具放放妥。

桌子抹，椅子挪，

搞好再把地板拖。

家务事，我会做，

做做不会累着我，

养成劳动好习惯，

终身受益好处多。

我是小小理财家，

理财方面是行家。

理财不比大人差，

没错！

不铺张，不浪费，

勤动脑，巧计算，

看得远，算得精，

真棒！

该省的省来该花的花，

不攀比来不乱花，

科学消费分得清，

不差钱！

勤俭节约人人夸。

第二轮比赛内容是"择豆角"，我是主持人兼裁判汪洋，有请6位选手上场（特色介绍）。比赛要求是：参赛选手在规定的时间内择10根豆角，不能折断，必须把豆角丝摘干净。我们将从比赛中选出前三名，参加年级总决赛，希望你们为班级争光。预备开始！

（贺老师为获胜选手颁奖）

主持人2：太精彩了！我们原来都没择过豆角，看似容易，做起来可不那么容易。"家务岗"活动不仅培养了我们的技能，也锻炼了我们的意志。

主持人1：下面请欣赏舞蹈：快快长大。

主持人1：在"家务岗"活动中，我们收获了快乐。接下来请欣赏相声《小小"家务岗"》。

甲：五星红旗迎风飘，"家务岗"活动显英豪，动人事迹说不尽，真正英雄看今朝。

乙：呵！出口成章，我也参加了学校组织的"家务岗"活动。

甲：当然了！不光我们二（6）班，我们全体二年级同学都参加了"家务岗"活动，而且我们每人还增设了"班务岗""校务岗"。

乙：是啊，我在"家务岗"活动中，学会了钉扣子、刷碗、做饭、洗衣服，真是收获不小。

甲：我也很有收获，我的"家务岗"主要设在"研究室"。

乙："家务岗"怎么跑到"研究室"里去了？

甲：不光是"家务岗"，我在学校的"校务岗"也设在"研究室"。

乙：那你一定是做大学问的。

甲：非也非也。

乙：学问大得都流出来了。

甲：是啊，那天，我在"校务岗"时，发现流了一地。

乙：流了一地学问？有这么说话的吗？

甲：我说流了一地水。

乙：你的"家务岗""校务岗"都设在研究室，怎么跑出一地水了？

甲：是这样的，我的"家务岗"和"校务岗"都设在厕所里。我爸爸说我是研究"屎"的。

乙：嗨，这么个研究室呀！

甲：在家里，我跟爸爸妈妈学会了刷厕所、倒纸篓。在学校，我们小队负责提醒上厕所不冲水的同学。

乙：我记得你原来上厕所就不冲水，你还在洗手池玩水、浪费水。

甲：自从开展"家务岗"活动，在劳动中，我深刻感受到要文明用厕，要珍惜别人的劳动成果，同时，我明白了要勤俭，不能浪费。

乙：说得好呀！我的"家务岗"是帮爸爸妈妈购物，在购物过程中，我改掉了花钱大手大脚的毛病。

甲：我见过你在超市购物，帮你妈妈挑选商品，出来时，你手里拎着不少东西。

乙：那都是我和妈妈在家里就计划好的。理财购物好处多，我现在可是家里的小管家呢！

甲：对了，你和妈妈买东西出来，别人都指着你对你妈妈说——

乙：你家这孩子真能干！

甲：错。都指着你对你妈妈说：阿姨，你家这猴是从哪儿买的？老可爱了。

乙：啊，把我当猴了！

主持人1：接下来是第三轮比赛"叠衣服"，有请参赛选手上场。预备开始！

主持人1：请公证员对今天的比赛成绩做出公证。

学生公证员：比赛符合要求，成绩有效。

（贺老师颁奖）

主持人2：下面是家务知识小擂台，请动物学校的小朋友为大家出题。

小猴子：有一天，我正在炒菜，突然油锅起火，我该怎么办？

生答：用盖子盖。

小青蛙：我刚从外面回来，发现我的同伴湿手插电源，导致触电，我该怎么办？

生答：踩在木凳上，用木棒把小青蛙和电线分离开。

小孔雀：购物时，我为妈妈买了100元的生日礼物，我有一个9折购物卡，请问售货员应收我多少钱？

生答：90元。

小公鸡：煮鸡蛋时，怎样做可以使蛋壳很容易剥掉？

生答：把煮熟的鸡蛋放入冷水中浸泡一会儿。

主持人1：真是小小"家务岗"，收获快乐多。"家务岗"活动使我们更深刻地体会到妈妈的艰辛。

主持人2：我们要自己的事情自己做，不再麻烦好妈妈。我们一起表演唱《不再麻烦好妈妈》。

主持人1：动物学校也要开展"家务岗"活动。

主持人2：我倡议每一个同学无论是在学校还是在家里都要自己的事情自己做，不会的事情学着做，不断增长劳动技能本领，培养责任意识。

主持人1：在劳动中体验进步，在劳动中收获快乐，在劳动中播下勤劳的种子。让我们永远记住劳动最光荣！下面请贺老师讲话。

贺老师：通过这次动物学校之旅，我们二（6）班同学不仅展示了在"家务岗"活动中的收获，还和动物学校的小动物们建立了深厚的友谊，为动物学校的家长和同学们送去了好的经验，我们将把"家务岗"活动继续深入开展下去。我们育英学校的每一个同学不仅有"家务岗"，每个人还增设了"校务岗""班务岗"，通过参加各种活动，同学们的劳动技能得到了大大提高。同学们，让我们牢记"家务岗"活动的口号——自己的事情自己做，不会的事情学着做，家务劳动快乐多（全班齐诵）。让我们在劳动实践中成长，在劳动实践中进步！

（案例提供者：北京育英学校　袁凤琴）

案例评析：这个主题班会初看上去有很多表演的成分，似乎和我们一直强调的设计理念有些冲突，但是，整体来看，主题班会的活动还是科学的、合理的，教育的实效性也是很突出的，因为设计者巧用了活动和表演。

主题班会的设计中优先考虑了活动形式与学生年龄特征的契合性问题。二年级的小学生尚处于以形象思维为主导的时期，他们对活动的直接兴趣还占有重要地位，他们不仅愿意参与活动，而且也习惯于在活动中去体会和学习。设计者用"小猪妈妈""孔雀贝贝"等生动的称呼很好地迎合了这个阶段孩子的直接兴趣和形象思维的特点。大量的活动也调动了学生的热情，营造了融洽、热烈的活动氛围。

主题班会的设计理念符合小学低龄阶段学生的学习特点。按照美国教育家克伯屈的三种学习的观点，即主学习、副学习和附加学习，这个主题班会在活动设计中特别关注了如何提升"副学习"和"附加学习"的效果。学生们在活动中，通过游戏和活动，不经意间掌握了自己做家务的本领，还通过游戏分享了经验。同时，在活动中，学生的劳动观念和劳动态度也得到了巩固和提高。

这个主题班会也给我们如何处理主题班会的"表演色彩"问题，提供了一种有益的借鉴。以往很多老师都害怕自己的班会中表演活动过多，进而脱离主题，导致形式主义，所以大家都对表演问题很敏感。这个班会给我们提供的解决思路是：如果班会的目标是学生通过班会展示自己和小组的活动效果，或者通过活动展示学生的技能和风采，进而达到激励学生和增强班级凝聚力的教育目标，那么，就可以大胆使用表演。

这个主题班会的不足之处是活动内容过多，缺少孩子充分体验与交流的时间，建议在以后的班会里，适当减少活动内容，精选有代表性的活动。

2. 控制主题的内容范围，提高教育内容的针对性

要想切实提升主题班会的针对性，还必须在主题的确定和内容的选择上坚持"近小实"的原则。所谓"近"是"贴近"。班会要贴近学生的兴趣和需求，贴近班级的教育实际和学生的生活，才能调动学生的参与热情和兴趣，才能解决现实问题，达到预期的教育效果。所谓"小"就是主题范围小，切入点小。很多班会之所以变成了学生被动参与的"打冷铁"式的教育活动，一个重要的原因就是主题定得太大，内容空洞，说教色彩浓厚，进而使主题班会成为"表演秀"和"走过场"。所谓"实"就是内容真实，效果实在。主题班会必须触动学生的情感，引发他们情感的共鸣和深刻的思考，才能达到预期的教育效果。

"高大空"则是我们在主题班会的设计与实施中要坚决避免和摒弃的。

目标定得过高，通过一次班会就想让学生变成品德高尚的人，马上就会做出助人为乐、见义勇为的义举，这是违背教育规律的。主题范围太大，内容空洞，无法在有限的45分钟内完成，结果使主题班会成为"走过场"，流于形式，成了一种披着活动外衣的新形式主义。

总之，主题班会的设计上必须从目标制定的源头上聚焦问题，把握方向，让主题班会"近小实"，远离"高大空"。

笔者帮助一个小学三年级的班主任设计过一个政治主题类的班会——建国70周年的主题教育，就着力遵从了"近小实"的目标设计原则。班主任的设计思路是通过节目表演，让学生体会到70年来祖国的强盛和进步，进而激发学生的爱国情怀和民族自豪感。主题班会最初的主题是《祖国在我们心中》，活动的形式主要是歌唱祖国的文艺节目展示，有《黄河大合唱》《歌唱祖国》，还有诗朗诵，等等。我给出的建议是：标题过大，过于抽象，很难让小学三年级的学生对主题有深切的体会和理解，可以通过班会主题名称控制班会的主题范围。另外，活动形式的表演色彩过重，形式化、超理智交往（讲大道理、空道理）的印记明显。建议活动应当贴近孩子的生活，调动他们的兴趣，从小处切入主题，让孩子们体会国家的进步和强盛，以及由此给每个人带来的改变。改进后的班会案例如下。

案例：祖国和我们共成长——晒晒爸爸妈妈的老照片

班会准备

让孩子们提前去收集爸爸妈妈以前的老照片，然后在主题班会上进行展示和分享。同时，让他们收集一些爸爸妈妈现在的生活照以及与学生本人的合影照片。

班会过程

同学们逐一展示他们爸爸妈妈小时候的照片，下面的同学不断发出一阵阵笑声。因为爸爸妈妈小的时候不仅衣着打扮看上去土气、寒酸，而且表情也很拘谨、生涩。再看看现在和爸爸、妈妈在一起的照片，鲜亮的衣着、自信的表情、幸福的微笑，很多同学都看出了不同，有的同学还注意到了不同照片背景和家具摆设的巨大差异。

老师总结

照片见证了时代的进步和祖国的发展。祖国在蒸蒸日上、不断进步的同时，也改变着我们每个人的生活和精神面貌，我们穿上了鲜亮的衣服，过上了富足的生活，增添了幸福的微笑。晒晒爸爸妈妈的老照片，晒出了我们生活的改变，晒出了我们祖国70年来的进步和带给我们每个人的福祉。

案例评析：政治类主题班会设计的难度较大，处理不好就会变成"灌输""说教""超理智交往"。但是，这个班会由于坚持主题班会的"近小实"设计原则，从身边的小事切入主题，不仅使学生参与兴趣浓厚，而且收到了很好的教育效果。

 小贴士

> **班会彩排不是好主意**
>
> 很多班主任老师为了让主题班会更加成功，事先在班里进行了班会彩排，并在彩排方面花费了很多时间。其实这些表演成分过多的班会，不仅降低了主题班会的真实性，而且伤害了学生的感情。本来是很严肃的、很感人的主题，一遍一遍的表演，会使学生渐渐厌倦，甚至会产生抵触的情绪。因此，在主题班会的实施过程中，教师要尽量淡化表演色彩，坚持开原生态、生成性的班会。

三、整合性原则

所谓整合性原则就是对在班会的设计和实施中所涉及的主体和主要活

动要素进行综合考虑。在主题班会的实施中，整合的内容主要包括两个方面：一是教师的主导作用和学生主体作用的整合；二是媒体演示和言语解说的整合。

1. 教师主导作用和学生主体作用的整合

在主题班会的设计和实施过程中，最重要的是教师和学生。教师是起主导作用的，虽然我们要调动学生的兴趣，把班会的主动权交给学生，但是老师绝对不可以放任不管。

班主任在主题班会的设计与实施中的主导作用主要体现在以下几个环节上：

（1）在主题的选择与确定过程中，充分发挥主导作用。

教师可以在主题酝酿阶段充分调动学生的兴趣，发挥学生的主体作用，甚至可以让学生来共同确定主题内容，但老师必须清楚主题的针对性，把握主题的方向。

（2）通过对班会实施过程的动态掌控，实现主导作用。

班主任在班会设计中通常都有一个具体的内容计划和大致的时间表。有经验的班主任常常会根据班会实施过程中的具体情况大胆打破原来的计划，主动改变班会的时间进程，以抓住教育契机，因势利导，放大教育影响，寻求最佳的教育效果。

（3）在重要环节适时介入。

在学生做主持人主持班会的模式中，很多老师在班会开始以后就完全躲到了"幕后"，在班会结束的总结环节之前，老师完全游离于班会之外，这种做法是不可取的。班主任要有意识地在重要的环节回到班会的现场，尤其是小学低年级的主题班会，学生对主题班会的掌控能力是有限的，老师应该在必要的时候适时介入班会现场。

主题班会在实施过程中常常会因活动过多而将主题淹没，因此，在主题班会临近尾声时，需要老师对班会进行必要的总结与提升。主题班会的总结不是一般意义上的班主任讲话，而是对主题的进一步提炼和升华。主题班会的提升环节直接决定着主题班会的效果，也是对班主任教育素养和实践智慧的最集中的考验。

班主任是主题班会的总设计师。班主任的教育素养不仅决定了其主导作用和引领作用发挥的程度，更决定了班主任把学生朝哪个方向引领。老师自身的境界和信仰决定了他对学生所施加的价值引领和精神滋养的水平、方向乃至性质。

北京一所著名大学的博士生导师在给自己的研究生上课时，曾有过这样令人咂舌的"引领"：你在40岁的时候，如果你还没有4000万的身价，就不要来见我，也不要说是我的学生。这种赤裸裸的物欲导向和金钱崇拜不能不让人震惊，我们可以确信，学生的价值信仰和人生追求必然会在导师这样的引导下步入歧途。这样的老师不管他有怎样的能力、学识，从他身为人师的育人职责上来看，他都是精神的侏儒，这样扭曲了的、变味了的价值导向，也必然把我们的社会和未来引向万劫不复的深渊。

韩愈在《师说》中对我们后人谆谆告诫："择师不可不慎也！"我们不能寄希望于一个自身价值信仰严重扭曲，笃信物欲第一、金钱至上的老师能给学生指点人生迷津，进行积极的价值引领。

案例：教师发挥主导作用，就是要比学生站得更高

有一次，在微班会上，学生们热烈讨论"老人倒了，扶还是不扶？"这个问题，学生们都想出了既能保护自己，又能帮助老人的做法。比如，帮忙叫救护车，打电话报警，也有的学生说，扶起老人的时候，有别人在场证明，或者自己拍视频留下证据。

最后老师作总结发言：有一种情况是，老人有可能是心脏病发作，突然倒地。心脏病突发需要急救，救援的黄金时间就是倒下后的四分多钟，如果我们都选择两全其美的方式，既想保护自己，又想助人为乐，却没有立即施以援手，老人很可能在我们的"安全"的观望中死去。

老师告诉学生们，这时候需要的是道德勇气！有道德勇气的人甘愿冒一点风险去做有道德、有良知的事情，这个社会需要道德勇气，需要每个人表现出应有的道德勇气。

案例评析：这个总结发言，让学生们开始思考一个他们以前没有考虑过的问题，老师的话让他们看到一个人道德勇气的可贵，让他们知道，有道德感的人之所以值得学习和崇敬，就是因为他们有常人所没有的道德勇气，我们每一个人都可以涵养自己的道德勇气。

2. 媒体演示和教师言语解说的整合

当前，多数老师都借助多媒体手段完成主题班会。多媒体手段的介入让老师在班会中大量使用图片和视频资料成为可能。但是，笔者在实践中发现，很多老师在给学生呈现图片资料时，并没有进行积极的言语解说，而只是简单地呈现。这种简单化的处理方式严重地影响了学生对图片内容的正确理解。事实证明，老师对图片内容进行适时、恰当的解说，不仅可以调动学生关于图片的直接经验，同时也决定了学生对图片内容的理解方向和理解深度。

主题班会的实施要关注媒体演示和教师言语解说的整合，与心理学关于知觉理解性原理不无关系。心理学认为，当我们感知和认识事物时总是借助已有的经验来解释它，赋予它一定的意义，并且用词把它标识出来，知觉的这一特性被称为知觉的理解性。

在主题班会中，学生看懂展示的图片，并有深刻的体验和感悟，用心理学的视知觉规律来解释，是一种知觉的理解性。那么，这种知觉理解性受哪些因素的影响呢？心理学对此的解释是：一个人已有的知识经验会影响他对当前知觉对象的理解，另一方面，一个人在特定的知觉情景下受到的语词指导，会改变他的理解方向和理解程度。

老师在媒体演示过程中进行恰当的讲解，可以更好地调动学生已有的知识经验，帮助他们更好地理解当前的内容，还可以有效地引领学生理解图片的方向，丰富学生的情感体验。我们可以从下面的实例中体会到语词强大的指导作用。

第五讲　方圆规矩：主题班会设计与实施的原则

油画作品《父亲》是画家罗中立的成名作。这个作品之所以能深深打动读者，与其巧妙的作品命名不无关系。我们可以把这个作品命名为"种田人"或"农民"，但是，这样的作品名称对作品内涵的解释，以及对观画者的情感触动作用都无法和"父亲"相比拟。有了"父亲"这个语词的指导，我们在这个饱经沧桑、朴实淳厚的面容面前，得到的就不仅仅是视觉上的强烈冲击与震撼。我们就会把这样的形象和自己心中为我们操劳、付出、无怨无悔的父亲联系起来，我们在这样的视觉表象面前就会感慨万千，心潮起伏，我们的情感指向就不知不觉地被画家所引领。这也正是这幅作品能够打动众多观众并一举成名的秘诀之一。

摇篮（A primary school in a village）

摄影作品《摇篮》是希望工程摄影家解海龙的作品。这个作品之所以能打动众多读者，给人以深切的触动，也与作品的名称有很大关联。"摇篮"一词，让我们对画面所营造的氛围有了更深层次的理解：任劳任怨、无私奉献的山村教师不仅为自己的孩子提供了养育的"摇篮",也为求学苦读的山村孩童提供了更宝贵的知识的"摇篮",人生启蒙的"摇篮"。但是,这一作品在海外出版物上的名称却是:A primary school in a village(一所乡村小学)。毫无疑问,作品原来的意境和氛围在这样的语词指导下被破坏殆尽,观众的知觉理解性也与作品的本意大相径庭。

* * *

《秋味图》是画家李苦禅的名作之一。《秋味图》的题款,营造了中国水墨画的特殊意境和审美情趣,让普通的秋天所收获的蔬果有了审美的价值,进而超越了它的简单的食用功能。然而这幅作品在国外出版物上的英文名称是Vegetables(蔬菜)。对比之下,后者的出现不是强化了理解性而是削弱甚至扭曲了理解性。

上面的几个例证告诉我们,在知觉理解性的获得过程中语词的作用是强大的。在主题班会中,教师使用多媒体资料辅以恰当的言语解说是基于心理学规律的教学策略,有助于增强教育效果。因此,班主任必须在新媒体资源的使用中不断提升自己相关的审美素养和信息素养,对主题班会中所使用的图片进行科学、合理的"再处理"和"深加工"。

班主任在主题班会中,要实现图片展示与言语解说的整合,可以采取以下两种方式:

(1)口头言语解说。

班主任在展示图片的过程中,恰当地解释图片中的内容,帮助学生注意容易忽略的细节,指明学生可能不能理解的难点,或者与学生分享自己的感受和体会,帮助学生体会和感悟他们不能完全体会的深意和特殊内涵。

(2)图片上直接文字标注。

这是在图片数量较多、演示较快时采用的一种方式。简单地说,就是老师为图片配上简洁的文字解释,以丰富学生的情感体验,指出他们不能发现的视角,帮助他们提升认识。例如,在关爱主题的班会上,让学生从善待小动物开始学会关爱,滋养他们的感恩情怀。

出示下面这张照片时,如果加上一句解说"收起我们的弹弓吧!小鸟在等着妈妈回家",对学生的触动效果一定会好于没有语言的解说。

放下我们的弹弓吧!小鸟在等着妈妈回家

以下是笔者在给留守儿童上的主题班会课上所展示的图片。为了让孩子们体会爸妈在外面打工的艰辛,以及他们对家庭的责任和无私的付出,让孩子们懂得,爸妈看似卑微,却是自食其力并为社会做出巨大贡献的伟大劳动者,在呈现图片时,加上了文字解读,这样不仅深度解读了照片的内容,也深化了留守儿童的情感体验,增进了孩子们和父母的情感联系。

在外的爸爸就这样,扛起我们一个家的负担

在外的爸爸就这样,扛起我们一个家的负担

没有爸爸的脊梁,高铁跑不了这么快!

第六讲

路在脚下：主题班会设计与实施的创新路径

问题导引：

- 怎样理解主题班会创新的必要性？
- 怎样把主题班会和各学科的教学进行有机整合？
- 主题班会与学科教学整合时要注意哪些问题？
- 微型班会与一般主题班会有何不同？
- 主题班会实施中可以通过哪些形式使用多媒体资料？

主题班会的时效低迷，与我们在设计和实施班会过程中墨守成规、固守僵化的模式有很大的关系。主题班会要想摆脱前文中提到的"歧路囧途"的困境，就必须不断进行理念和实施途径的创新。

主题班会设计与实施中的创新性，是根据时下学校德育外部环境的变化和学生不断出现的新的学习需求，在主题类型的确定、内容选择和活动形式等方面进行大胆的创新，在时间安排上也可尝试突破45分钟的班会固定时间，尝试设计简短、灵活的微活动和微班会。

一、主题班会设计与实施的整合思维

在主题班会的整体设计思路上，可以尝试突破主题班会单独设计和专门组织的老办法，与班主任的常规工作进行有机的整合，在合适的时机，把主题班会与学科教学活动、社会实践活动、家长会等进行有机的整合，这样不仅可以提升活动效率，在同一时间内完成主题教育和常规管理，或主题教育和学科教学、或主题教育和家校沟通的双重任务，还可以通过这种整合思维淡化主题教育的说教色彩，彰显隐性德育的理念，提升全员育人、全程育人和全方位育人的教育实效性。

北宋真宗时期，皇城失火被焚毁，宋真宗派大臣丁渭主持修复。当时修复的任务相当繁重，既要清理废墟，又要挖土烧砖，还要从外地运来大批建筑材料。要又快又省地完成这一修复任务，就需要制定一个最优的施工方案。

丁渭经过分析研究之后，确定了这样一个方案：首先，把皇宫前面的大街挖成一条大沟，利用挖出来的土烧砖；然后把京城附近的汴水引入大沟，通过汴水运进建筑材料；等皇宫修复之后，再把碎砖烂瓦填入沟中，最后修复原来的大街。

按这一方案修造，取得了"一举三得"的效果，通过挖沟，一是省去了从远处运土，解决了烧砖的问题；二是把陆运改成水运，方便了运输，省工省时，还节省了运输费用；三是为工程后期解决废墟的处理问题创造了条件。

丁渭的过人之处就是没有把建皇宫这件事情当成一个孤立的事情，而是优先考虑到修建皇宫过程中几项主要工作的关系。经过他的科学整合和统筹，节省了人力、物力，更节约了大量的时间，实现了"一举三得"的最佳效果。

在学校德育活动设计中，也会涉及类似的解决问题过程，把主题班会与其他常规管理工作和各类活动进行有机整合，是一种创新的设计思路，也是一种系统思维的体现。

1. 与学科课程的整合

2017年教育部颁发的《中小学德育工作指南》明确强调了学科课程育人的重要性，并对学科课程育人提出了明确要求。主题班会的设计与实施要充分体现隐性德育的功效，就必须贯彻《中小学德育工作指南》精神，注重在学科教学和师生交往中对学生的品格塑造和价值引领，提升主题班会的教育效果。

教育学家赫尔巴特曾指出："我想不到有任何无教学的教育，正如在相反方面，我不承认有任何'无教育的教学'。""教学如果没有进行道德教育，只是一种没有目的的手段，道德教育（或称品格教育）如果没有教学，就是一种失去手段的目的。"教学中的德育功能是学科教学必须关注的重要教学目标。

以中学语文教材中的《背影》一文为例，教师在教学中不能仅仅局限于语文知识传授和技能的训练，还必须关注情感教育的目标，对学生进行感恩情怀的培养和感恩父母的意识的引领。我们相信，如果一个老师在教学中，只是讲授字词句，只盯着段落大意和篇章结构，不关注价值教育的目标，那么这样的语文教学不仅是失败的，而且也完全背离了作者传递情感的初衷。

要实现主题班会与学科课程的整合，班主任必须注重主题班会设计与实施的研究，提升活动设计能力。班主任要在学科组集体备课和说课等教学组织环节认真研究教材，领会教材的教育主旨和中心思想，提升自己在学科教学中进行德育和心理教育的能力。

把主题教育的内容有机融入学科教学中，不仅可以解决主题班会时间缺乏保障的现实问题，而且可以体现隐性德育的理念，使德育过程成为"细雨湿衣""闲花落地"的隐性过程，最大程度地避免德育的强制和灌输。

（1）一节特殊的歌曲赏析课。

笔者曾帮助一位老师设计了一个"如何正确地面对早恋"的主题班会，这位老师是初二的班主任。据这位班主任描述，他们班被学生们私下里公认是帅哥美女最多的班级，老师也发现班上彼此有好感的同学特别多，他已经明确察觉到有两对学生在谈恋爱。因此他想开一次班会，主题就是"如何面对早恋"。但是，他也意识到，不能直接把这个主题讲出来，初中生强烈的逆反心理很难让他们平心静气地接受这个教育主题，弄不好还很容易把学生推到对立面去。基于此，我建议这位班主任老师设计一个歌曲赏析的班级活动。

案例：《窗外》歌曲赏析

班会选定的歌曲是在青少年中有一定影响力的歌手李琛演唱的《窗外》，很多初中生也很喜欢这首歌。这首歌不仅旋律优美，而且歌词也具有很强的教育意义。虽然只是一首通俗歌曲，但歌词对爱情真正意义的诠释却颇引人深思。

今夜我又来到你窗外
窗帘上你的影子多么可爱
悄悄地爱过你这么多年
明天我就要离开

多少回我来到你的窗外
也曾想敲敲门叫你出来
想一想你的美丽我的平凡
一次次默默走开

再见了心爱的梦中女孩
我将要去远方寻找未来
假如我有一天荣归故里
再到你窗外诉说情怀

再见了心爱的梦中女孩
对着你的影子说声珍重
假如我永远不再回来
就让月亮守在你窗外

在主题班会中，首先是欣赏这首歌曲，让大家感受这首歌优美的旋律，然后再过渡到赏析歌词。班会由老师来主导，而不是由学生来主持。在歌词的赏析和讨论中，以小组为单位，把全班同学分为四组，要求每个小组由老师和同学们一起来分析和讨论每一段歌词。

讨论第一段歌词的时候，同学都感到很兴奋，"悄悄地爱过你这么多年""窗帘上你的影子多么可爱"，这些歌词唤起了许多学生的共鸣。大家一致认为男女青年在一起产生恋爱是很自然的事情。

欣赏第二段时，老师提出了一个问题，为什么"想一想女孩的美丽我的平凡"，主人公就会默默走开呢？很多男孩回答说："因为觉得自己不够帅，因为这个女孩太漂亮了，自己就走开了。"老师接着半开玩笑地提出一个问题以进一步启发大家:"为什么有这种意识以后就能走开呢?"通过讨论,最终大家达成共识:爱情是美好的,但是需要理智,理智才能让爱情更美好。

在赏析第三段歌词时,还未等老师提出问题,同学们之间就形成了激烈的矛盾交锋。歌词里说"假如有一天我荣归故里,再到你窗前诉说情怀",大家对此产生了分歧:爱情究竟需不需要"荣归故里"?每个人有每个人的见解,有的同学认为,爱情是神圣的,不需要附加任何世俗的东西。但也有的同学认为,爱情是美好的,但也是现实的,就如歌中所唱的:男孩必须先"到远处寻找未来"。

此时,老师也以提问的方式介入同学们的讨论中。老师说:"爱情的现实性可以有多种理解,钱、房子、礼物都可以看作爱情现实性的体现,但我自己把责任理解为这种现实性的核心。爱情是现实的就在于相爱的双方都必须承担爱情中的责任。对责任的承担不仅需要勇气和义务感,还需要承担责任的能力。"接下来,老师提出了一个很尖锐的问题。事实上,这个问题也是针对两个分别在早恋的男生提出来的。老师说:"假如你现在恋爱了(事实是他们就在恋爱),你是否想过,仅凭一个初二学生的经济能力和社会阅历,你能对你爱的女孩负什么样的责任?"老师的问题让每一个同学都受到了震撼。很多男孩都深有感触地说,虽然经常唱这个歌,但从来没有注意去体会歌词的内涵。歌词让他们认识到,爱情是美好的,又是现实的,爱情的美还离不开责任的支撑。

对最后一段歌词的赏析是主题班会的高潮。在老师的引导下,同学们进一步认识到,爱情是美好的,又是现实的,也是需要责任的,同时爱情还需要审美的情怀。当你最终无法和你喜欢的人在一起的时候,回想这段暗恋的经历,也是一件很美好的事情。

最后,老师再次播放这首歌曲来结束这次班会。因为有了对歌词比较深刻的理解,第二遍再听这首歌的时候,很多男孩都很激动,不由自主地跟着哼唱起来。

案例评析:从整体上看,班会的效果是很不错的。首先,主题的选择体现了针对性原则,既充分考虑了青春期学生的心理特点和生理特点,同时又以班级中亟待解决的问题作为主题内容。

其次,在主题活动实施过程中,很好地坚持了教师主导作用和学生主体作用的结合。班会一改学生做主持人的模式,由老师来主导整个班会,同时,使用讨论法充分调动了学生的积极性,让他们在自由的讨论中发挥了主体性。

尤其值得肯定的是主题班会的最后环节,老师在最后一段的歌词赏析中正式介入讨论,并以一个"过来人"的身份和学生们恳谈自己对爱情的理解,不仅给学生看待爱情提供了一个新的视角,为学生的爱情观提供了正确的引导,同时以审美的眼光看待爱情也使得本次班会的主题得到了充分的提升。

本次班会的另一个亮点是音乐的使用。音乐加强了班会的情感感染功能,触动和升华了学生的情感,唤起了他们情感的共鸣。

(2)一节别样的物理实验课。

案例:水中的烛光

班会背景

多年教高三的经验告诉我,在离高考还有一个月的时候,学生的心情往往是最紧张、最脆弱的时候。如何做好学生的思想工作,使学生放下一切杂念,专心复习是至关重要的。每当这个时候,我都会拿出一个晚自习的时间,带领全班学生做一个实验。

班会目标

1.通过观看物理实验——水中的烛光,让学生体会我们身边平凡的事物中所蕴涵的极不平凡的哲理。

2.引导学生对实验现象进行深入思考,激发学生在高考前团结、顽强拼搏,满怀信心备战。

活动方式

观看实验、亲身体验。

班会准备

一个宽口玻璃容器,一桶水,一支6cm左右长的蜡烛,一个打火机。

班会过程

在一个透明的宽口玻璃杯底部的中心位置，粘上一支拇指粗细、比杯稍矮的蜡烛，再在杯里加上高度比蜡烛稍低一些的水。之后我提出问题：如果将蜡烛点燃，随着时间的慢慢推移，水面会一点点地逼近正在燃着的蜡烛，请同学们想一想，对蜡烛而言，水漫城下、大兵压境，它会做出怎样的反应，蜡烛的命运如何？

有的同学说，蜡烛会立即灭掉；有的说，蜡烛会将水烘干，一直燃到最后；有的说，蜡烛会燃一会儿再投降……众多的猜想一下子吊起了同学们想看个究竟的胃口，吸引他们纷纷加入来探讨蜡烛的命运。教室里学习的紧张气氛顿时消失，整个班级活跃起来。

这时我引导同学们："要不，我们点燃这支蜡烛，看看它的命运如何？"学生兴奋极了，都把目光聚焦到了这支蜡烛上。我一边点燃一边说："同学们，在蜡烛燃烧的整个过程中希望大家尽可能地轻轻呼吸，要知道，在一片大水面前，蜡烛是弱者，稍有风吹草动都会给它带来巨大的伤害，你们能做到吗？""能！"教室里响起整齐而又响亮的声音。

教室的灯关掉了，实验开始了。在漆黑的教室里，这支蜡烛照亮了讲桌周围小小的天地，静静地接受着无数目光的洗礼。随着水面慢慢逼近，本来欢快的烛光感到了一丝不安，跳动了起来，越来越快，而且慢慢地变小变弱，好像就要被水淹没。大家屏住了呼吸，紧张地等待着结局。就在蜡烛将要熄灭的时候，弱小的烛光好像吸收了什么能量一样，奇迹般地"活"了过来，越来越大，越变越亮，最后恢复了原来的大小。"太神奇了！"学生眼中放出惊讶的目光，纷纷感叹道。又过了一会儿，烛光又跳动了起来，慢慢变小，但就在即将燃尽的那一瞬间，它又坚强地挺了过来，恢复了原先的大小，继续照亮着学生面前的那一片天地。

学生的心跟着烛光起起伏伏，他们紧握拳头，为蜡烛加油，期待着蜡烛的复燃。慢慢地，蜡烛由亮变暗、由暗变亮的频率加快了，学生的心仿佛提到了嗓子眼，瞪大眼睛，屏息静气地"倾听"烛光凝重的呼吸，一次、两次、三次……终于在它顽强拼搏了十九次之后，一缕轻快的细烟宣告了蜡烛的内心表白：我尽力了，我无怨无悔。

第六讲 路在脚下：主题班会设计与实施的创新路径

同学们静静地看着渐渐散去的那一束轻烟，似乎还沉浸在刚才那场紧张的"战斗"中，我打开了灯，说道："请同学们按顺序走过讲台，来看看这支带给我们神奇旅程的蜡烛吧。"

同学们一一走上讲台，他们看到了令人震撼的一幕：烛心深深地陷了下去，只剩下最边缘薄得不能再薄的一层蜡，在苦苦地支撑着。也正是周围这一圈蜡顽强的"抵抗"，才造就了刚才神奇的一幕。

同学们坐定后，我问："对刚才的一幕，你们有何感想？""太不可思议了！""太令人震撼了！""永不言败！""坚持就是胜利！""我心无悔！"

同学们自由发言过后，我总结道：请同学们想一想，我们现在的处境是不是和蜡烛有些相似？高考的重担压得我们不能呼吸，同学们在焦虑中等待高考的来临，犹如大兵压境，四面楚歌。此时我们应该怎么做呢？这支看上去不起眼的蜡烛，是不是告诉了我们很多？如果把蜡烛周围这一圈薄薄的蜡比作我们班的全体师生，我相信只要我们手拉着手，彼此鼓励，相互扶持，团结拼搏，任何困难都阻挡不了我们前进的步伐！高考不可怕，团结就是力量！

请同学们再想一想，如果把蜡烛周围这一圈薄薄的蜡比作你们的七门功课，只有门门功课齐头并进，才能使你们的总成绩显现风采。这就好比由七块木板围成的一个木桶，假如有一块木板矮了下来，甚至断掉，这个水桶还能盛满满的一桶水吗？

请大家再设想一下，如果把蜡烛周围这一圈薄薄的蜡比作你们的父母，他们奋不顾身地紧紧手拉着手，竭尽全力地为自己的儿女阻挡住一切危难，提供给儿女物质及精神上的一切资源，有他们无私的爱和奉献，我们还有什么理由惊惶失措？还有什么困难能难得住我们？我们无往不胜，胜利一定会属于我们！

教室里响起了经久不息的掌声，这掌声在宁静的夜晚显得格外响亮。蜡烛虽小，但顽强的烛光带给同学们的精神鼓励却是巨大的！

班会课反思：每年高考前的一个月左右，高三的学生大多会出现一系列心理问题：紧张、焦虑、不自信等，如何让学生调整好心态准备迎考，我尝试过很多办法，如通过讲故事引导学生进入情景并反思等，这些都起到了一定的作用，但效果不是太明显。后来我反复思考，想到采用主题班会的形式，特别是借助物理学科的优势对学生进行适时的心理辅导。由此，我进行了"水中的烛光"这个物理实验，实验所蕴涵的道理就是"团结就是力量，顽强拼搏，永不言弃"。通过这些年来的实践证明，这样的主题班会辅导起了很大的作用，它很好地调整了学生非智力因素的负面影响，帮助学生卸下思想包袱，轻松应考。

（案例提供者：山东威海二中　张兴胜）

案例评析：本案例把物理实验课和学生的励志教育有机地融为一体，充分体现了隐性德育的教育理念。班会的实施过程也彰显了班主任的教育智慧和教育艺术。在班会中，班主任充分发挥了主导作用，并在整个活动过程中充分调动了学生的主动性，使他们不仅获得了深刻的体验，并在老师的引领下进一步把这样的感受和体会升华为对学业、对未来的强大的自我效能感。

2. 与社会实践活动的整合

召开主题班会也存在一个时机选择问题，是单独地设计一次与前后的教育教学活动都没有任何关联的班会课，还是让班会课在一个教育"链条"中，成为整个教学计划的一部分？相信绝大多数的班主任一定会选择后者。因为，如果学生在实践活动中有了深刻的感悟和触动，有了自己独到的发现和观点，那么紧随其后的主题班会一定会更有针对性，活动的内容也会更加充实，一定更能调动学生参与活动的兴趣和热情。

教育中的教学活动从来不是孤立的、片段式的，而是整个教育链条中的一个组成部分，都与教育体系中的其他教育事件构成了一个相互关联的有机整体。简言之，每个教育活动都存在相应的教育情境，都有具体的前因后果，每个已经完成的教学活动都可能产生延续性的影响。无论是《学记》中强调的"不凌节而施"，还是《论语》中的"不愤不启，不悱不发"都是在强调教育要素之间的关联，都在印证一个教育活动发生要以一定的教育情境为前提的朴素的教育规律。

2020年初席卷中国继而蔓延全世界的新冠疫情彻底改变了学生的生活，改变了他们的学习方式，也让他们受到前所未有的心灵震动，他们虽然不能走出家门，但是通过与家人和朋友的交流以及网络学习，他们也在关注着身边发生的一切。学生们在疫情下的生活是他们特殊的实践体会，他们的发现、感悟和触动是学校教育活动的重要基础和前提。基于学生的思想状况进行有的放矢的教育也是"教育影响要保持一致性和连贯性"的教育原则的体现。因此，通过整合思路，把学生疫情期间的生活体验与主题班会的内容相结合，上好疫情后开学第一堂主题班会课就显得尤其重要。

• 班主任要为上好第一堂主题班会课进行深入的调研和准备。这既是通识性的学情背景分析的需要，也是有的放矢、因材施教教学原则的体现。班主任需要准确了解和掌握学生在疫情中有了什么发现？他们在疫情中有了什么触动？产生了什么疑惑？萌生了什么样的行动意向？这些信息构成了重要的德育情境，也成为主题班会设计的重要参考和依据。

• 确定班会的主题时要聚焦问题，让主题贴近生活、从小处着眼。班会主题要贴近学生在疫情期间有深切感悟的生活经历，才能让学生对活动主题有感而发，有话想说，才能调动学生的参与兴趣，从根本上避免灌输和说教。学生们回到久违的学校，见到想念的同学，更想表达自己真实的情感，说出自己的真心话，一定不想踏进教室就接受训诫、听"大道理"。因此，开一个"众志成城，齐心抗疫"的主题班会，就不如从一个真实的视角切入——《说说我宅在家里的故事》更能让学生有感而发。

• 在内容结构上要做到因势利导，让班会与学生在疫情期间的一次活动相关联是整合设计的基本思路。在主题班会前，老师不妨安排一次有深度的探究性学习任务或家校协同活动，然后再围绕这次活动，让学生分享在学习中的发现和感悟。

• 在活动形式上注重学生主动性的发挥，让学生完成自主建构。主题活动要避免学生泛泛的发言和展示，要在学生已有的收获和感悟的基础上，在学生产生疑问和困惑的情形下，给予他们建设性的、有针对性的引领，并让他们主动发现，最终自己找到解决问题的理想答案。

3. 与家校协同活动的整合

作为联系家庭和学校的"桥梁"和"纽带",班主任在家校沟通和协同育人中起着主导性作用。但是,所有学校都面临着家校协同的相同困局——家长没有足够的时间和精力投入到家校协同育人的教育活动中。有些班级的家长会因为内容枯燥,形式单一、呆板,极大地影响了家长参与家校协同活动的积极性。因此,创新家校协同育人的形式,充分发挥家长的教育作用,提升家校协同育人的实效性,也是班主任在班级活动设计中要重点关注的问题。

形成家校合力,协同育人,首先要从改善家校关系做起。良好的家校关系是建立家校之间信任的基础,更是家长主动参与、协同育人的前提。让家长参与班级的主题教育活动,一方面可以提升家长的教育理念和亲子沟通艺术,另一方面,以主题班会为"环境媒介",可以增进班主任和家长的关系,以及家长对学校的了解,以形成和谐的家校关系,为提升家校协同育人的实效性奠定基础。

让家长参与主题班会是很多班主任惯常的做法。但是,如果主题班会在家长参与活动的形式上缺乏创新设计,不能充分调动家长的积极性和参与热情,也极易让活动成为走过场,流于形式。我们通过观察发现,在很多班会现场,家长的参与程度并不高,很多家长往往是"列席观看"的观众,或者作为代表发言,谈自己参加班会的感受。从表面上看,家长的参加丰富了班会的内容,但是,家长的作用并没有充分发挥。要想让家长在主题班会上充分发挥作用,并受到触动和教育,就必须突破已有的僵化的实施方式,进行大胆的创新。下面的小学一年级的班会就采取了一种全新的思路,让家长深度介入班会,把主题班会与家长会进行了整合。

案例:"爱心"拍卖会——让我们都帮帮小鱼

班会背景

某小学和西部一个贫困地区的学校是"手拉手"帮扶学校。班主任假期到这所贫困地区的小学支教回来后,给学生们看了她拍的当地学生生活场景的照片。当地学生学习条件的恶劣和生活的困难在学生中引起了很大的反响,孩子们都说,和他们比较,自己的生活太优越了,一定要尽自己的力量来帮帮他们。孩子们也提出了一些方案,很多学生建议捐钱,也有的学生提出不要总向父母伸手要钱,如果能凭自己的力量来帮助他们更有意义。老师和同学们经过商议,决定通过出售自己的绘画作品来筹钱。这个班级是一个美术特长班。很多学生的儿童画画得特别好,有的作品还曾在世博会上展出过。大家进一步商议的结果是:把画作卖给家长,让他们也加入帮助贫困地区学生的活动。老师决定把家长会和主题班会整合在一起,动员家长认购孩子的画作,然后把筹集到的钱交给需要帮助的学生。

班会过程

1. 主持人致辞:各位家长,你们好!由衷地感谢你们参加今天的班级活动,我们今天班级活动的主题是——爱心拍卖。大家一定疑惑:爱心是珍贵的、高尚的,为什么要拍卖它们呢?请不要急,看看我们接下来的媒体展示。

2. 媒体展示:展示班主任在支教时拍摄的贫困地区学生的生活和学习环境的照片,展示配乐幻灯片"同在蓝天下,可那里没有阳光"。

3. 主持人发言:各位家长,看了这些照片中孩子的生活状况和学习条件,你们一定也像我们一样心里会颇不平静。他们和我们一样的年纪,却拥有另一种生活。我们很想帮助他们,但是,我们的能力有限,没有自己的钱。我们就想到了用我们亲手创造的劳动成果来实现自己的心愿,我们要把我们精心创作的画奉献出来,作为今天拍卖会的拍品,希望得到你们的热心支持。我们的心愿能否实现,还仰仗你们的帮助。当然我们大家的努力对那些为数众多的孩子而言,实在太渺小了,但是,这不应该成为我们就此放手的理由,请听我讲一个故事——救救小鱼。

雨后的一个早晨,一个人沿着海边散步。他注意到沙滩的浅水洼里,有许多被暴风雨卷上岸的小鱼。它们被困在浅水洼里,虽然与大海咫尺之隔,但是无法回到大海。被困的小鱼,也许有几百条,或者是几千条。用不了多久,浅水洼里的水就会被沙粒吸干或是被太阳晒干,这些小鱼最终都会死掉。

当这个人继续往前走的时候，看见前面一个小男孩走得很慢，而且不停地在每个小洼旁边弯下腰去——他在拾洼里的小鱼，并把它们放回大海。这个人看了很久，终于忍不住了，走过去说："孩子，水洼里有几百、几千条小鱼，你救不过来的！""我知道。"孩子回答。"哦，那你为什么还在救？""这条小鱼在乎！"孩子一边回答，一边拾起一条鱼放进大海。"这条在乎，这条在乎，还有这一条……"孩子一边把鱼放进大海里，一边说。于是，这个人也加入到拯救小鱼的行动中。

这个故事告诉我们，虽然我们能力有限，但是，只要我们每一个人都尽一份力，那么就会有收获，就会有孩子像小鱼一样，因我们的救助而改变命运。亲爱的爸爸妈妈们，请伸出你们热情的双手帮帮他们，我们先代表这些孩子感谢你们了！

4. 作品竞拍。出示每幅作品，并标出每幅画的底价，请在座的各位家长参与竞拍。

5. 班主任总结：常言说"赠人玫瑰，手有余香"，这样的芳香能带给我们更多愉悦的体验和幸福，那就是尽己所能、急人之困的快乐！我们的小朋友用自己亲手创作的画达成了帮助别人的心愿，一定会获得不同寻常的、发自内心的幸福和快乐。我们的家长也做出了自己的贡献。更难得的是，我们帮助孩子完成了他们的心愿，这份快乐孩子不会遗忘，我们的家长不会遗忘，被我们帮助了的孩子也不会遗忘，它就像玫瑰的余香，久久停留在指掌间，长久地弥散在我们的生活里。谢谢大家的参与！谢谢家长的支持！

（案例提供者　迟希新）

案例评析：这个主题班会设计得很巧妙，改变了通常家长大多数做听众、一两个代表最后发言的活动安排，通过让家长参与拍卖会来介入班会，也使家长们受到了一次关爱教育，并通过自己的实际行动帮助了贫困地区的儿童。而且，在家长的帮助下，孩子完成了他们的心愿，在一定程度上也增进了父母和孩子的沟通和了解，实现了心理相融。

总之，班主任必须创新家校沟通的形式，在班级活动的设计上多做文章，在班级文化建设和主题班会实施过程中，给家长深度参与班级教育、学生管理的空间和机会，调动家长参与班级管理事务的热情，主动担当协同育人的职责，提升协同育人的实效性，避免"5+2=0"的协同育人悖论。

二、微型班会的模式创新

微型班会的灵感来自微博的启发。微博出现至今已经有20多年的时间了，现在依然有众多的拥趸。人们之所以喜欢微博，其中一个最主要的原因就是其短小精悍，可以让我们在最短的时间内了解博主的观点，同时，博主也能简捷、快速地表达自己的思想观点。

主题班会的时间经常难以保障，特别是在高中，因为学习任务重，开主题班会的时间很难保证。因此，很多老师学习微博的形式，开始尝试压缩主题班会的时长，在15~20分钟内完成一个简单的教育目标，解决一个具体问题。老师们把20分钟之内完成的班会称为微型班会或微班会。

1. 微型班会的内涵与特点

• 时间短，易于实施，可以解决普通主题班会耗时长、准备工作复杂的现实问题。

• 针对性强，可针对班上的某些现象、问题，进行有针对性的干预。

• 形式灵活，可以和学科课程进行整合，也可以是偶发主题的班会。

笔者和一些班主任老师共同尝试，设计了一些在20分钟以内完成的微型班会。

案例：人生没有时空隧道

班会背景

本班是重点中学的重点班。在高考的前三个月，班上出现了让老师头痛的问题：很多同学因为学习强度较大，出现了懈怠、厌学的情绪。对此老师很着急,想激励大家,让大家咬紧牙关,走好最后的三个月,争取取得好的成绩。但是,临近高考,时间紧迫,老师又不想占用学生太多的时间,就想到了"微型班会"。

班会导入

以科幻电影《时空隧道》的片段欣赏导入本次班会主题,引发大家对现实中没有时空隧道这一事实的关注。

班会过程

1. 观看美国科幻电影《时空隧道》片段。大多数同学没有看过这个电影,他们对电影中的人进入时空隧道就可以回到过去、弥补过去的遗憾很好奇,也很兴奋。

2. 老师先提出问题:为什么复习这么紧张还给大家放这段电影片段?同学们都答不上来。老师说:是老师为大家的学习状态着急,要用这个电影片段提醒大家,还有三个月就要高考了,在最需要大家努力、用劲的时候,我们班上的同学都懈怠了。很多同学说来日方长,不在乎这几天。今天,我就想用这个电影提醒大家,时空隧道神奇无比,但是它只存在于科幻电影中,现实中谁都没有办法回到从前。

3. 分享网络语录。老师为学生读网上下载的语录:人生道路是漫长的,但是,其实只需要走好的,就是那么几步。老师进一步解释:"今天你们就走到这关键的几步了。你们努力一下,坚持一下,你们将有另一种人生。如果你们现在就放任、懈怠，选择放弃，你们未来的人生方向就会改变。"

4. 分享照片。把"七十岁老人参加高考"的新闻照片和大家分享。照片上的老人在高考政策不限制年龄后，开始参加高考，以弥补年轻时的遗憾。但是，老人参加了11次高考，至今也未如愿。请同学们谈谈看这幅照片的感受。大家各抒己见。有的人说，我们应该学习老人锲而不舍的精神。也有的同学说，老师给我们看照片，可能是想提醒我们不要像老人一样，七十岁才开始为理想奋斗。老师也说了自己的感受：七十岁开始高考是一种值得肯定的学习精神，但是，从人生设计来说，却是最大的悲剧。因为老人的精力、记忆力都无法回到从前，现实中没有时空隧道。

5. 观摩班会的教师发言。这个环节没有预先准备，观摩班会的迟老师有感而发，走到黑板前用粉笔写下：少壮不努力，老大徒伤悲。然后问学生们："我写此句何意？"有学生说："您是指这位老人！"我回答道："我没有讥讽老人的意思，我写的是我参加你们班会的感受。很多人老了的时候，经常会伤感。我想很多人伤悲的不是一事无成，而是青春不再，是自己再也没有机会改变命运了！因为，就像我们今天班会的主题所说的，人生没有时空隧道。"

（案例提供者　迟希新）

案例评析：这个微型班会在主题类型上也属于励志型，针对的是班级中存在的具体问题，既要完成励志教育，又要干预班级中存在的学生倦怠、厌学的现实问题。班会的另一个突出特点是大胆使用了视频资料和图片，增强了主题班会的趣味性和感染力，调动了学生的兴趣和对主题的关注。

老师在主题班会中的主导作用发挥得较好，在主导班会的同时，尽量调动了学生的主动性。素材的选择也体现了较好的针对性，《时空隧道》的电影视频比较适合本次主题教育的内容。班会最后专家的发言很好地实现了班会主题的提升，让学生体会到"青春不再，无法再去奋斗，改变命运"才是一个人最大的伤悲。虽然学生年龄尚小，未必能完全理解其中的深意，但是，一定会引领他们深入思考自己的人生。

2. 微型班会设计与实施的创新思路

微型班会是一种具有创新特质，且在班级管理实践中不断得到丰富和完善的特殊的主题教育活动。在视频资源极大丰富，人工智能和信息技术飞速发展的今天，微型班会的创新设计也获得了巨大的创新空间和技术支持。以下两种创新设计思路就很具有代表性。

（1）偶发主题设计。

微型班会时间短，形式灵活，在主题来源上也具有特殊要求，除了一些计划性的主题以外，班主任更要关注可以作为主题资源的偶发因素和突发事件，或者是引起学生广泛关注和探究兴趣的社会新闻，以此为契机的主题教育更具吸引力和教育的实效性。十几年前，笔者抓住当时北京奥运会开幕式的契机，设计了一个很有趣味的微型班会。

案例：奥运畅想——为四十岁做准备

班会背景

进入高二以后，老师发现很多学生对未来缺少规划意识，对将来的职业和生活没有明晰的概念，也没有关于未来的准备，因而在学习上缺少主动学习的精神。职业规划和生涯设计是中学生自主教育的重要内容。生涯规划教育不仅可以让学生掌握自我规划的技能，更可以通过强化学生"预则立，不预则废"的意识，培养学生的成就动机和学习动机。

第六讲　路在脚下：主题班会设计与实施的创新路径

班会导入

本次班会恰逢北京奥运会刚刚结束，同学们对奥运会的热情还没有退去。开学以后，同学们还在津津乐道奥运会中的精彩瞬间和自己的"奥运生活"。班会正式开始前，老师让大家先交流假期看奥运时的体会和感受，谈谈奥运留给自己印象最深刻的是什么。

班会过程

1. 请大家回顾奥运会期间个人的经历，选出一个自己印象最深的事件，以小组为单位交流自己的感受。

2. 班主任介入大家的分享，也谈了自己印象最深刻的事件。老师说：让我印象最深刻的是奥运的焰火，不仅仅是因为它绚丽、壮观，更因为它给我的震撼最大，引发了我的思考。我觉得，一个人的成长发展很像焰火，人在成功以前，常常是默默无闻，成功以后才像焰火一样照亮夜空。

3. 大家对老师提到的问题进行讨论，并以"四十岁时的我"为题进行未来的畅想，让学生体会理想在远方，但是通向理想的路在脚下。要扎扎实实地走好每一步，才能在未来立于不败之地。

4. 老师总结发言。古人谈到一个人的人生发展阶段时，有这样的说法："三十不豪，四十不富，五十将向寻死路。"尽管这里面有悲观的情绪和功利的色彩，但是，它也给了我们有益的提示：四十岁是一个人重要的节点，就像绽放的焰火，是我们收获成功的季节。如果到了四十，我们还一无所获，可能就真的错过了人生最宝贵的季节。为了四十岁的那次绽放，我们从现在开始就要积极地做准备。从扎扎实实地学习开始，从考上一个理想的大学开始，从选择一个理想的专业开始。预则立，不预则废。我们已经在路上，一切尚早，一切尽在我们自己掌握。老师确信，到你们四十岁的时候，一定会欣赏到你们每一个人人生焰火的辉煌绽放。

（案例提供者　迟希新）

案例评析： 这个微型班会在主题类型上属于偶发主题，是抓住奥运契机进行有针对性的励志教育，切入点较新颖，利用了学生对奥运的关注和直接兴趣，起到了较好的教育引领作用。主题班会所涉及的内容相对抽象，是关于个人职业生涯规划的内容,需要学生有较好的理解能力。因此,本主题更适用于高中生。

(2)"嵌入式"设计。

所谓"嵌入式"设计就是把微型班会作为一个课程单元,与班级的教学活动进行组合设计。这样的微型班会与教学活动内容有关联,又具有相对的独立性。微型班会一方面可以解决具体问题,另一方面又可以和教学课程内容有机融合,达成更综合、更深层的教育目标。

案例:有人排队加塞,怎么办?

班会目标

让学生在公共环境中体会什么是真正的文明素养,并在讨论分享中理解与人交往中如何尊重他人权益,服膺公平、公正的原则。

班会对象

四年级学生。

班会形式

以"情景剧"的形式进行情境再现,以小组讨论的形式寻求解决问题的方法。

班会过程

1.呈现问题情境:小明在车站排队买麦当劳,快轮到他的时候,一个人匆匆跑来,他央求小明,自己的车快开了,排队已经来不及了,想在小明前面"加塞"。

小明同意了。但是,排在小明后面的人都坚决反对,认为对他们不公平。小明左右为难,大家帮帮小明,替他想个办法。

2.小组讨论,解决以下三个问题:

(1)小明同学让着急的人在自己前面"加塞"是助人为乐吗?为什么?

(2)小明后面反对的人有没有道理?为什么?

(3)小明还能不能找到更好的办法?

3.结果呈现(情景剧演示):最先找到解决问题方案的小组到教室前

面，以情景剧的形式展示具体做法，并做出解释和说明。

4.老师总结发言：肯定学生的做法，阐明主题教育的核心内容——真正的文明人尊重规则和他人权益，"文明""公平""公正"这些社会主义核心价值观的议题就在每个人的身边，我们每一个人都可以在日常生活中以自觉主动的方式践行社会主义核心价值观。

案例评析： 本案例最初是单独设计和实施的微班会，通过真实问题情景，引发学生的探究兴趣和解决问题的意愿。活动中有两个小组很快找出解决问题的办法——把自己的位置让给别人，自己到队尾重新排队。

在总结发言中，班主任对同学们的创意做法给予了充分肯定和鼓励，对同学们助人为乐、热情助人，同时又尊重规则和他人权益，秉持文明、公平、公正原则的道德境界给予了褒奖。因为上课的班主任是思政课教师，后来又把这节微型班会嵌入他的思政课，八年级下册第四单元"维护公平正义"的相关章节中，达成了更好的教育效果。

（3）"结构化"统整。

所谓"结构化统整"就是设计微型班会时事先预设好上位的、大的教育目标，让微型班会在一个明确的教育目标下组成一个"班会群"，这样，不仅每个微型班会有各自清晰的目标，而且组成的"微班会群"可以充分发挥课程群的作用，以多个视角和形式让教育内容更加丰富、充实，并且相互补充，实现最佳的全程、全方位育人的效果。

3.微型班会设计与实施时要注意的问题

（1）注意微型班会的适用范围。

微型班会是主题班会的一种灵活形式，是一种有效的补充，不能成为唯一的形式。微型主题班会毕竟时间短，目标单一，以微型主题班会取代正常的主题班会，会影响班会的具体目标的达成和实施方式的选择。如果把所有班会都改换为微型班会是不现实的，也是不科学的。

（2）做好主题班会的系列设计。

班主任要在设计和准备上做更细致的工作，对班会的实施方式、问题的导入要进行精心的设计，确保微型班会在有限时间内达到应有的效果。同时，也要加强微型班会实施的计划性，考虑怎样进行系列设计，和哪些教育形式进行配合等。

（3）做好平时的素材积累和准备工作。

微型主题班会要想在短时间内达到良好的教育效果，就必须提升单位时间内的活动效果，提高主题班会的吸引力和感染力。在素材使用上要尝试新媒体资料，充分发挥其直观、生动的功能。

三、多媒体资源的有效利用

在读图时代和网络文化的大背景下，以文字为介质的传统的传播媒介正面临着来自图片和数字影像的冲击与挑战，特别是近年来，视频网站和资源平台的发展呈爆发性增长，快手、抖音等视频资源的丰富程度和受众面之广超乎想象，读图时代和视频时代的来临，对人们的社会生活和娱乐方式都产生了极为深远的影响。以活动为导向的主题班会，自然不能超然物外。如何在主题班会设计与实施中创造性地使用图片和媒体介质，是班主任必须关注的现实路径之一。

1. 读图时代的现实促动

所谓读图时代，是信息在传播方式和人们获取信息方式上的一种变化趋向，是在印刷媒介向电子媒介和数字媒介过渡中形成的、以图片或数字影像为介质的信息传递和个体信息获取方式变化的总称。读图时代的信息传播包括影视、广告、卡通及图片等诸多的具体介质。

环顾周围的生活，我们会发现，电影、电视、广告、摄影、形象设计、视觉表演等像空气一样包围着我们，文学读物面临着空前的边缘化，文学名著、历史典籍不断被拍成影视作品，图书市场正在被各种"插图本"和"漫画本"所占据，越来越多的人沉迷于网上冲浪和网络游戏之中无法自拔……读图时代的众生像，应验了丹尼尔·贝尔在其《资本主义文化矛盾》中的预言："当代文化正在变成一种视觉文化，而不是一种印刷文化。"

读图时代的来临不仅改变了以往单一的以文字为主的知识获取方式，同时也引发了我们的社会生活、学习和工作的重大变革。读图时代改变了人们的学习习惯，也改变了人们对视觉思维的认识和判断。在读图时代，人们60%~70%的信息是通过图像的方式来获得的。在读图时代，人们提高了获取信息的效率，借助视觉途径，人们也同样能表达深刻思想和对社会、人生的独特感悟。

诚如很多学者担忧的那样，读图时代是一把典型的"双刃剑"。读图时代大行其道，会使人们面临思维幼稚化的潜在威胁，社会文化也有日趋肤浅，失去其赖以生存的深厚的生活积淀之虞。但是，作为德育工作者，我们也必须面对青少年群体对世界的体认方式转变这个事实。与文字介质相比，视觉符号生动的形象、浅显的表意更能在短时间内吸引青少年的眼球。从主题班会的实施过程看，图片和媒体形式的使用，势必会增强教育活动对学生的吸引力。

2. 视知觉心理的理论与实践确证

现代心理学的研究证明：视知觉过程并不是一个简单的物理过程，而是一个复杂的心理过程。阿恩海姆对知觉作了这样的解释："所谓知觉，就是那些具有相对说来较为简约形态的模态和样式（我称之为视觉概念或视觉范畴），与刺激达到一致（或用之取代它）。"[①]因此，知觉的过程必然包括抽象、分析、综合、补足、纠正、比较、结合、分离，在背景中分离和突出某物等方法。正是在这一认识基础上，阿恩海姆提出了一个十分重要的概念——视觉思维。

作为构成视觉思维基本材料的视觉表象，具有整体性、直观性的特征，有利于空间结构思维。视觉表象给人呈现整体、直观的空间情景，便于人

---

① 鲁道夫·阿恩海姆. 艺术与视知觉［M］. 滕守尧，朱疆源，译. 成都：四川人民出版社，1998：87.

们通过直观透视、综合判断在瞬间对事物的空间结构特性作出整体把握，这正是空间结构思维所需要的，也是其他任何表象（听觉表象、触觉表象等）所无法比拟的。视觉表象具有结构性、完整性，有利于存储、调用和思维加工。尽管有时视觉表象显得模糊，不太清晰，但总是保持完整，并有一定的结构，即使是片段的表象也反映出事物的局部结构，这就便于编码记忆，因而有利于存储、调用和思维加工。

大脑从外界获取信息主要是通过视觉。美国实验心理学家赤瑞特拉所做的实验表明：人类大脑从外界获取的信息有83%来自视觉，11%来自听觉，来自其他感觉通道（包括触觉、动觉、嗅觉、味觉等通道）的信息不超过6%。视觉在人们了解外部世界、获取信息方面的优势是其他外部感觉所不能比拟的[1]。

心理学的视知觉理论不仅从理论上肯定了视觉通道在人们获取外部信息中的重要作用，而且还提供了视觉思维参与人类一般思维过程的实践确证。因此，视知觉心理学理论不仅诠释了德育审美化改造中图片、媒体介质使用的必要性及发生作用的机制，同时，也从视觉思维的高度回应了德育审美化改造中视觉强化何以可能的理论问题。

3. 多媒体的特点与德育情感过程的本质契合

英国学者波兰尼曾指出："意会知识比言传知识更基本，我们能够知道的比我们能够说出来的东西多，而不依靠言传的了解，我们就什么也说不出来。"[2] 道德概念的意会性的存在，决定了通过直觉方式进行道德认知的必要性。所以康德认为，愉悦在先还是判断在先，是美感与快感区别的关键，即由愉悦而判断对象为美乃生快感，由人的各种心理功能和谐活动而生愉悦，此为美感。由此可见，人们对图片和媒体等视觉刺激物的反应不是某种单一或单纯的感知反应而已，而是一种积极的心理活动过程，其中包括了视觉感知、想象、理解、情感等多种因素的交错融合。也就是说，审美

---

[1] 艾森克,基恩.认知心理学[M].高定国,等译.上海.华东师范大学出版社,2009：212.
[2] 刘仲林.波兰尼"意会知识"结构及其心理学基础[J].天津师范大学学报,2004：（2）.

愉悦之所以产生，是由于各种心理互动、交错融合的结果。所以说，审美不是被动的静观，而是一种主动的活动成果。它包含了观者对视觉符号意念与形式的双重理解与接受，从而使观者产生审美意向。

图片和媒体介质的使用可以最大程度地增强德育形式美的效果。在道德审美过程中，图片和媒体的使用的确有"一图胜千言"的作用。同时，图片与媒体介质本身所具有的美感、情节要素和可赏性的特征，也可以使德育对象在不经意间被视觉材料所吸引，增强他们对感知主体进行主动探究的欲望和兴趣，进而使德育过程真正成为一个德育对象主动参与、自主学习的过程，一个能够获得愉快体验和美好享受的过程，使德育真正成为一幅美丽的画、一首动听的歌。

另外，图片和媒体介质本身也具有德育作品美的要素，有的还具有很强的思想性，可以起到传递道德观念和深化德育情感的作用。一幅震撼人心的社会题材照片，一个感人至深的生活场景，真实的模像呈现远远胜过语言的描述和介绍，可以更强烈地激发德育对象的道德情感。

在游戏和网络逐渐成为主流的青少年亚文化的社会现实之下，让价值教育契合学生的兴趣，贴近学生的生活，必须考虑到科学利用网络媒体资源的问题。学校价值教育应该把网络资源作为价值教育的重要的创新路径和教育载体。尽管互联网一直被人们喻为"双刃剑"，网络环境存在泥沙俱下、良莠不齐的困局，但是，网络作为一个对年轻人影响最大、受众最广的新媒体，对学校主题教育的积极意义远大于其带来的消极影响，学校的疏导和创造性运用网络才是理性的选择。

4.借力公益广告，开好主题班会

公益广告是当前借助媒体形式传播进行道德教化的一种重要的社会教育形式，早期多见于平面媒体，现在随着网络的普及，视频媒体已成为公益广告的重要载体。公益广告的道德教化是指借助文字、声音、图像等广告艺术表现形式，传播社会道德文化信息，使青少年在社会化过程中，自觉或不自觉地接受伦理观念、道德信息，形成道德认识、道德情感、道德信念、道德意志，养成道德习惯、道德行为。公益广告具有很强的道德教化作用。公益广告之所以可以成为我们主题班会中的重要素材,就是由其公益特征所决定的。

　　公益广告具有很强的新颖性、思想性、隐含性和教育性,另外,它也有很强的导向功能。虽然它没有直接说出来要怎么做,应该怎么做,但是它通过艺术手段很含蓄地传达了它所倡导的思想和坚持的主张。同时,传媒介质和艺术手段的使用又使得公益广告具有很强的感染性。通过情感氛围的营造,公益广告往往能触动观众的情感,引起观众强烈的情感共鸣,引发人们对某些社会现象的深刻反思和道德思考,进而达到道德教化的目的。我们可以看几个公益广告的实例图片。

听听孩子的心声
——加强未成年人思想道德建设、给孩子最需要的东西!

　　"听听孩子的心声"这幅公益广告,没有过多语言的描述,但我们会感觉到它扑面而来的视觉冲击力。通过这张图片,大家马上会强烈地感受到"减负"这个社会问题和教育问题的急迫性。

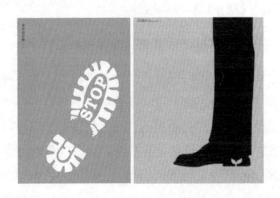

第六讲 路在脚下：主题班会设计与实施的创新路径

保护环境 人人有责

将是地球！
我们最后扔掉的

保护环境 人类共同的责任

上面的几幅公益广告图片，都从不同的角度向我们传递了社会道德教育的内容。像禁止踩踏草坪，倡导不使用一次性塑料袋，为绿化尽你的一份力，这些我们耳熟能详的公益环保的口号，以艺术图片的形式呈现在我们面前的时候，我们会感受到不曾有过的强烈的视觉冲击和心灵的震撼，它们唤起的不仅仅是对社会问题、环境问题的关注，同时必定会引发我们每个人深刻的反思，强化我们对自身社会责任感的体认。

从教育目标上看，尽管公益广告和主题班会所设定的教育对象不同，但是社会道德教育和思想教育的总体目标是一致的。这也是我们可以在主题班会的素材选择上能够借鉴和使用社会公益广告的一个基本前提。公益广告的新颖性和隐含性又在一定程度上使我们的教育内容和教育形式具有了审美特征和可欣赏性，使我们所实施的思想教育淡化了说教、灌输的色彩。

另外，公益广告的使用也可以强化德育过程的情感感染的功能，激发受教育者的道德情感。通过使用公益广告，可以调动学生的直接兴趣，培养学生的道德情感，激发学生的道德动机，最终有助于通过道德移情使学生完成道德选择和道德行动，这也是主题班会所要达到的最终目标。

四、他山之石：团体心理辅导技术的启示

团体心理辅导是在团体的情境下进行的一种心理辅导形式，它是通过团体内人际交互作用，促使个体在交往中观察、学习、体验，认识自我、探索自我，调整改善与他人的关系，学习新的态度与行为方式，以促进良好的适应与发展的助人过程。团体心理辅导主要包括两类：

- "成长性"的心理团体：注重对成员的身心发展，协助成员自我认识、自我探索，进而自我接纳、自我肯定；注重成员生活知识和能力的充实以及正向行为的建立。学校中的团体心理辅导大多是这一类型。
- "治疗性"的心理团体：注重对成员经验的深层解析、人格的重塑与行为的重建。这类团体活动通常在医疗或社会服务机构中开展。

团体心理辅导通过设立特定的场景活动，利用团体成员间的互动，达到集思广益、互帮互助、提高心理健康水平的目的，非常适合学校心理健康教育工作。

其优点主要有：

- 适用面广，既可以针对具有相同心理问题的十人左右的小组，又可以针对几十人的发展性群体。
- 形式多样，生动有趣，有利于吸引学生积极投入。
- 耗时短，效率高，收效好，每个成员既是"求助者"，又是"助人者"，可在有引导的相互影响中多视角地学习，有理论，有实践，有体验，有分享，成员能够获得多重的反馈，从而产生心理与行为的改变。

团体不但可以更有效地影响或改变个人的某些自我概念或想法，还可以协助解决个人难以解决的问题。

在主题班会的设计与实施中，我们可以借助团体心理辅导的形式，充分调动班级全部成员参与活动的积极性，扩大活动的参与人数。活动形式

的多样性和趣味性也有助于提升主题活动的吸引力。此外，也可以针对具体问题完全以团体辅导活动的形式完成班级活动。

案例：一路上有你，我不孤单

班会背景

班上大部分学生是独生子女，更多关注的是自己，而忽略了别人的感受，把他人为自己做的一切看作理所当然。此外，本班为英语实验班，学生之间更多的是竞争对手的关系，同学间的友谊和感情比较淡，所以希望通过这次班会，能让学生意识到同学间友情的重要性，珍惜来之不易的同学间的缘分，从而增强班级的凝聚力，形成团结互助的班级氛围。

班会目标

1. 让学生学会如何在真诚、关怀的基础上相互沟通和交流，表达自己的感受，学会宽容他人。

2. 使学生和睦相处，珍惜身边的每个同学，珍惜来之不易的同学间的缘分，加深同学间的感情，提升班级的凝聚力。

班会准备

1. 每个同学在事先分发的友情卡片上写上简短的自我介绍。
2. 准备活动用纸。（小脚丫形状的彩纸，"友情之路"大张纸的展示板）
3. 和朋友主题相关的背景音乐。
4. 班级生活幻灯片。

活动过程

活动名称	活动时间	活动目标	活动过程	形式与方法
热身活动		组建小组，活跃气氛，缓解学生的紧张感	组建小组 按抽到的五个不同的汉字分五组	放音乐，每个同学抽签决定小组（"一""路""上""有""你"五个小组）

续表

活动名称	活动时间	活动目标	活动过程	形式与方法
寻找朋友	10分钟	消除学生的紧张感，使学生尽快进入状态，引出主题，并检测同学之间是否了解	课前准备：每个学生事先写好简短的自我介绍。 1. 教师把自我介绍发给每个同学。 2. 根据上面的信息，猜猜卡片的主人。 3. 邀请几名同学说出刚才活动过程中的经历、感受。	游戏 全班分享
无心的伤害	10分钟	通过分析材料，使学生学会如何在真诚、宽容的基础上相互沟通交流。教师的现身说法能够在班级中引导良好的师生互动。	分析所给材料，老师提出问题，全班交流，老师总结。	小组交流 全班分享
难忘的瞬间	12分钟	使学生学会表达自己的感受，借此加深同学间的感情，有助于形成和谐的班级氛围。	1. 在音乐声中播放学生一年生活的幻灯片。 2. 学生写出这一年中发生的最令自己感动、难忘的事，或者最想感谢的一位同学，并说出理由。 3. 小组内交流、分享。 4. 班级分享：每组推荐一位学生与全班同学分享。	小组交流 班级分享
一路上有你，我不孤单	13分钟	使学生更加珍惜身边的每个同学，珍惜来之不易的缘分。	1. 老师提出问题，小组交流。 2. 两个同学一组在小脚丫形状的彩纸上，写出对这个班级的期待，如何珍惜同学间的友谊，并签上自己的名字。 3. 两个同学共同把手中的"小脚丫"贴到"友情之路"的展板上。	班级分享

（案例提供者：北京117中学　王丽）

案例评析：活动针对班级存在的具体问题，采取团体心理辅导的技术，通过丰富的活动形式增进了同学之间的相互了解，改善了学生间的人际关系，尤其是同一个小组成员间的人际关系。大家在活动中完成共同的任务，克服同一个困难，得到相同的体验，彼此间达到了互相理解。

美国教育学家杜威在谈到班级文化时曾经有过这样一段精辟的论述："如果无视学校是一种社会生活的事实，教育就会失败。要想在尊爱和责任心方面的教育取得成效，教师必须把课堂道德社区的形成作为教育的中心目标。"课堂道德社区形成要依托的是一种良好、和谐的班级文化。

美国教育学家里科纳在《美式课堂》一书中也强调了道德社区和集体中融洽的心理氛围在学生品格教育中的重要性。里科纳认为，"学生在生活当中学习道德准则，他们需要有一个社区的环境相互影响去建立相互之间的关系，去解决矛盾。作为团体的成长，他们需要从他们直接的社会经历当中学习公平的游戏、合作，谅解和维护每一个个体的价值和尊严"。这样的集体建设既需要班主任的工作艺术，需要借助主题班会这种重要的教育形式，也离不开心理咨询与辅导的理念与方法。

借助团体心理辅导进行主题班会实施形式的创新，可以丰富活动的体验形式，提升班主任师生沟通交流的艺术，使主题教育更符合心理规律，更契合学生年龄特征，真正深入学生的内心世界。

但是，上述活动案例也存在进一步改进的空间。从总体的班会容量看，内容还是偏多，同学之间对活动感受的充分交流没有完全实现。如果再精简部分内容，增强同学之间的交互活动，效果会更佳。

 小贴士

主题班会创新设计的"四个一点"
• 目标再低一点。 • 主题范围再小一点。 • 活动形式再灵活一点。 • 创新的尺度突破再大一点。

主题班会的创新需要创造性思维的支撑，需要班主任大胆突破已有的条条框框，在确保科学性的前提下，进行形式和内容的大胆创新。

青少年亚文化和后现代文化中很多现象都值得我们去研究和借鉴。例如，现在学生喜欢微博和网络语录，能否在班级搞一次"最佳励志语录"评选？或者在毕业班搞一次"我最想写给学弟、学妹的毕业留言"等，这些新的班会活动形式，如果设计得好，一定能赢得学生的喜欢和参与热情，如果能进行恰当的引领，同样能达到良好的教育效果。

第七讲

集腋成裘：主题班会设计的素材准备和积淀

问题导引

- 为什么说充分的素材积累是开好主题班会的第一步？
- 班主任怎样做一个素材积累的有心人？
- 主题班会素材积累要坚持哪些原则？
- 怎样建立专题素材库？

一、设计主题班会应具备的能力

教师的知识结构及教师对主题班会的相关知识储备是主题班会实施效果的重要影响因素。

首先,搜集与积累大量素材,是班主任必须具备的能力,积累大量素材也是教师开好主题班会不可逾越的准备阶段。很多老师开主题班会或者设计主题班会的时候,常常觉得自己脑子里很空,没有什么东西。其实这些现象的出现,往往和老师平时缺乏素材积累有很大的关系。我们可以这样断言,老师如果平时没有任何的积累,只是在第二天开主题班会的时候,才想到去搜集素材、整理资料,是很难开一个充实、生动的主题班会的。

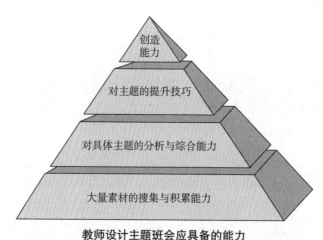

教师设计主题班会应具备的能力

其次,是教师对具体主题的分析与综合能力,这也是一个教师开好主题班会所必须具备的能力。它决定了老师能不能在具体实施过程中很好地把握主题，引领学生深刻地体验主题。

再次，是教师提升主题班会的技巧。一个主题班会不管采取什么样的活动类型，最终都有一个最重要的环节，就是对主题班会的提升。经过提升以后的主题才能更鲜明，学生才能更明白班会要达成的教育目标。主题的提升是一个主题班会的点睛之笔，没有这个过程，主题就很难凸显出来。

最后，教师设计主题班会的基本能力的核心是创造能力。不管是对素材的积累，还是分析综合能力，以及提升的技巧，最终都是班主任创造能力的具体体现。

二、做一个素材积累的有心人

艺术家在介绍自己的创作经验时，经常会说"得之于顷刻，积之于平日"。不仅艺术的创作灵感来自平时的悉心观察和独特思考，而且，创作的素材和用于艺术加工的视觉表象也需要平时进行大量的积累。我们在实践中也发现，那些在主题班会设计方面表现出色的班主任，在主题班会的素材搜集和资料准备方面也都表现突出。尽管他们中有的人学习条件并不好，甚至没有办法上网和使用课件，但是，他们都努力从现有条件出发，从一点一滴做起，积累主题班会的教育素材。所以，班主任要成为一个主题活动的研究者，首先就要做一个素材积累的有心人。

一方面，班主任要做到"悉心"。在平时阅读、上网、看电视的时候，要细心关注那些和主题班会设计、实施有关的素材，积累和主题活动相关的文字故事、图片或者视频资料等，并把它们进行归类和整理。

另一方面，班主任还要做到"专心"。在平时的日常生活和工作中，心里要装着主题班会，想着主题班会，保持积极的思考和问题意识，这样，在看到相关的资料和素材时就不会熟视无睹，而是萌生如何把看到的资料和素材用到相应的主题班会中的想法。

著名的华裔音乐家马友友以高超的大提琴演奏技艺蜚声海内外。他的大提琴演奏达到了炉火纯青、出神入化的地步。是什么让他对音乐有如此之强的驾驭能力呢？按他自己的体会来说，就是他广博的知识。马友友是美国哈佛大学的人类学博士，他对音乐的理解源于他深厚的文化基础。马友友在接受中央电视台记者采访的时候说："你所学习的一切对你的音乐都有用，不管那是哲学、数学，还是心理学。如果你想成为一个音乐家，你必须把你所学习的一切都融会贯通，并通过你最熟悉的音乐表现出来。"

教师设计和实施主题班会的实践智慧与其知识储备、文化修养也有很大的关系，这些会决定主题班会是否能够真正打动学生，收到良好的教育效果。

三、"四个一"的积累原则

班主任做好媒体资料的日常积累工作要注意以下四个细节，也是我们常说的"四个一"的积累原则。

（1）带一个贴身的本子。

这个本子用来记录自己关于班会设计的灵感，以及找到的有用的素材要点。一个人即便有再优秀的记忆力，也需要借助文字的形式记录一些有价值的信息。因为很多信息都是以瞬时记忆形式储存的，如果不能及时记录、固化，可能就永远消失了。苏东坡《西湖》诗中有云："作诗火急追亡逋，清景一失后难摹。"意思是作诗就像追捕逃跑的罪犯一样，情也好，景也罢，必须紧抓不放，放过后就很难再寻。这句诗从时效性的角度揭示了写作的一般规律，同样，设计主题班会的灵感和思路也需要及时整理，因此，班主任随身携带一个记事本就显得尤其重要了。

（2）建一个电子文本的文件夹。

这个文件夹用来专门保存主题班会使用的各种电子文本、图片、视频资料。初期可以粗放式地进行积累，资料多了以后就可以进行分类整理，建立自己的主题班会素材库。

主题班会资料电子文本分类整理

素材类别	文本（名言、典故）	图片	视频	音乐		
主题内容	感恩	励志	关爱	责任	环保	安全
资料来源	报刊	网络	自己拍摄			

（3）买一个数码相机。

数码相机作为一种最佳的记录工具，对帮助班主任积累素材有重要意义。数码相机不仅可以真实地记录转瞬即逝的海量信息，把无法用纸笔记录的信息快速保存下来，而且还可以帮助班主任把学生的日常生活、班级活动及时记录下来，作为班会的资料。把这样生动又贴近学生生活的素材用到主题班会中，一定会提高学生对主题班会的参与兴趣。当下，手机的拍照功能越来越强大，慢慢取代了数码相机，但是，对于一些特殊的拍照对象和高质量图片要求的拍摄，数码相机的作用仍然是不可替代的。

下面这张照片是我在日本的一个小学教室里拍摄的。因为当时要参观的内容很多，没有时间仔细观察、研究，这时手机就派上了用场，我把见到的有价值的教室环境布置的样例都一股脑拍了下来。回来后整理拍照的资料，发现日本的老师用下面这个图指导学生学会声音分级，养成不在教室里大声喧哗，在乎别人感受的好习惯，是一个特别有参考价值的班级文化建设资料。如果没有手机这样一个便捷的拍摄工具，这么好的素材可能就失之交臂了。

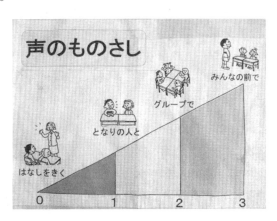

（4）留下一个专门的案例集。

保留每次班会的设计方案，并在班会实施以后撰写自己的反思。班主任在主题班会结束后，会发现很多问题，对这些问题的认识和解决，不仅会让班主任今后在相同主题的班会实施中避免同样的错误，也有助于班主任看到案例背后的规律性，进而提升自己的独立研究能力和教育素养。

 小贴士

反思主题班会的主要内容
• 总体评价。 • 值得肯定的地方。 • 实施中暴露出的问题。 • 可以提升和改进的方向。

案例：对团体心理辅导主题活动课的反思

对团体性的班级辅导，作为班主任，应具备善于观察的眼光，不断寻找班级中的共性问题，让心理辅导活动课成为学生心灵健康成长旅途的驿站。所以在主题的选取上，我下了很大的功夫。虽然我是一名新教师，没有什么经验，但是我希望有自己的带班特点，希望我的年轻和热情能够感染每个孩子，希望我的班级能够有很强的班级凝聚力，班级气氛和谐融洽。现在的孩子大多数是独生子女，他们更多关注的是自己，忽略了其他人的感受，再加上我们班是英语实验班，学生之间更多的是竞争对手的关系，同学们之间的友谊和感情比较淡，所以针对这个问题，我把"一路上有你，我不孤单"定为班会主题，希望借班会能够让学生更加和睦地相处，更加珍惜身边的每个同学。

在活动的设计上，我力求让活动形式新颖多样。为了缓和班级严肃、紧张的气氛，辅导前我用桌布和鲜花布置教室。组建小组时，我采取了抽签的方式，将全班共分为五组，"一""路""上""有""你"，小组名紧扣主题。之后的活动，以朋友间的感情为导线，在"寻找朋友"的活动中，以情导

入,使得同学间互相有了更深的了解。在"无心的伤害"环节中,我现身说法,把自己曾经经历过的真实事件,以及当时的心情变化毫无保留地展现在学生面前,拉近了我们的师生关系,也让他们通过分析这个大家在生活中都可能遇到的事例,学会如何真诚、宽容地和同学相处,学会沟通交流。在"难忘的瞬间"环节中,先把从开学到现在的学生生活片段以幻灯片的方式展示出来,让学生回忆过往的点点滴滴,然后让学生写出自己最感动、难忘的事,或是一个最感谢的同学。最后回到主题"一路上有你,我不孤单",以友情之路的新颖设计,把彼此的期待活灵活现地展现在小脚丫形状的彩纸上。

班会后,为了更加深入地交流,传递彼此的感情,我还要求学生特为此出了一期名为"一路上有你,我不孤单"的板报,"感谢有你"的壁报,收到了良好的教育效果。

曾经认为,现在的学生不容易感动,他们已经习惯于以自我为中心,认为别人的付出都是应该的。上这节课前,我还在想,但愿学生能有所触动。但是上完课后我感觉到,学生的心里其实储存了好多爱的火花,但这些火花需要真情来点燃。这次的心理辅导活动课我没有花时间和精力来说教,只是创设了一个和谐的环境,让学生感悟我的感情,感悟我的期望,我相信这种感悟比说教真切、自然,对学生的影响也会更加深刻、长远。

这次活动最直接的效果就是改善了学生间的人际关系,尤其是分在同一个小组里成员间的人际关系。大家在活动中,完成共同的任务,克服共同的困难,得到相同的体验,彼此间互相理解。尤其是最后一个活动环节中,看到很多孩子都是手拉手来到"友情之路"前,写下彼此的心愿和对未来的憧憬,我很感动,很欣慰。

但是由于第一次进行这样的班级心理辅导,经验不足,所以辅导过程出现了不少问题。比如时间的把握不够恰当,有些重要的环节由于时间仓促没有充分展开,学生间交流分享的时间相对较少,有的环节之间的衔接显得较为生硬,过渡得不够自然。而且在辅导的过程中,我和学生互动的机会较少,对学生的具体评价较少,只是泛泛评论,再加上我的语速较快,使得辅导的过程显得节奏有些快,所以,虽然班会收到了一些效果,但是并没有达到预期目标。我相信，通过今后的努力，我会做得更好。

（原活动方案参见第六讲，北京 117 中学　王丽）

四、主题班会素材库建设思路

在多媒体资源极大丰富和数字技术快速发展的今天，主题班会的素材积累对班主任而言，变得愈加重要，班主任除了个人在平时注重素材积累，做个"有心人"以外，还需要借助团队的力量，以学习共同体的形式，进行研究力量的整合。同时，素材积累不是简单的材料堆砌，教师必须提升对素材的研究和再加工能力，可以以小课题的形式进行专题研究，提升创造性运用媒体资源的教学素养。学校在媒体资源的建设中可尝试以下几种方式：

（1）个人资料库。

个人资料库是学校主题班会资源库建设的基础。班主任要有素材积累和素材研究的意识，采用上文提到的"四个一"的积累原则，把有价值的多媒体资源进行分门别类的处理，为主题班会的设计与实施提供丰富的教学资源，进而提升主题班会的趣味性、吸引力和教育实效性。

（2）班主任工作室资源库。

现在很多学校都设置了班主任工作室，校级的班主任工作室是班主任专业发展的重要学习共同体，承担着学校班主任队伍建设、课程资源开发和班主任校本研修等重要任务。在建设主题班会资源库方面，班主任工作室具有很大的优势。比如班主任工作室的成员可以进行素材搜集的分工，每个班主任负责一个专题的内容，待到资源积累足够丰富时，把每个班主任负责的素材进行汇总，组成完善、充实且有深度的"资源群"。

（3）校级德育特色资源库。

班主任主题班会素材库的建设不能完全依赖教师个人和班主任工作室的力量，建设主题班会多媒体资源库，学校必须发挥主导作用，做好资源库的顶层设计，确保主题班会资源建设的科学性和系统性。同时，也要给老师们提供必要的经费支持，确保资源库建设的可持续发展。

（4）专项德育小课题研究。

主题班会教育的实效性在很大程度上有赖于学校研究力量的投入，以及骨干教师主导作用的充分发挥。学校要鼓励教师做深度教学反思，通过创新，尝试找到充分发挥媒体资源优势的路径，也可以引导教师进行有针对性的小范围的创新研究。同时，学校还可组织以某节主题班会为个案，进行多学科协同备课，以及深度参与的听评课活动。

五、主题班会专题素材库示例

班主任在有了一定的素材储备的积累以后，就可以尝试建立专题素材库。所谓专题素材库就是根据不同的教育主题，把与主题相关的各种介质、各种内容的素材都整合在一个主题之下。这样不仅有利于资料管理，也可以通过对某一主题资料的掌握，给班主任带来更多的灵感和启发，帮助班主任创新班会的实施方式。当然，这只是象征性的素材库，而不是严格意义上的素材库。以下，我们提供两个主题素材库的"模型"供各位班主任参考。

1. 感恩父母主题

（1）名言。

- 树欲静而风不止，子欲养而亲不待。
- 孝道无穷，及时为贵。
- 孝子之养老者，悦其心，不违其志。

（2）诗歌。

游子吟 【唐】孟郊

慈母手中线，游子身上衣。
临行密密缝，意恐迟迟归。
谁言寸草心，报得三春晖。

*　*　*

感谢（汪国真）

让我怎样感谢你，当我走向你的时候，我原想收获一缕春风，你却给了我整个春天。

让我怎样感谢你，当我走向你的时候，我原想捧起一簇浪花，你却给了我整个海洋。

让我怎样感谢你，当我走向你的时候，我原想撷取一枚红叶，你却给了我整个枫林。

让我怎样感谢你，当我走向你的时候，我原想亲吻一朵雪花，你却给了我银色的世界。

（3）故事。

苹果树的故事

很久很久以前，有一棵很大的苹果树……她好爱好爱一个小男孩，男孩也每天都会跑来在她身边玩耍。

小男孩收集她的叶子，把叶子编成皇冠，戴在头上扮起森林的国王。

男孩会沿着树干一直爬到树顶。男孩还会抓着树枝荡秋千。他还会爬到树上摘苹果来吃。他们会一起玩捉迷藏。玩累了，男孩就靠在树上在树荫的庇护下睡觉。男孩好爱好爱这棵树，树也好高兴。

日子一天一天过去，男孩也在慢慢长大……

有一天，男孩来到树下。

树说："来啊，孩子，爬上我的树干，抓着我的树枝荡秋千，吃吃苹果，在我的树荫下玩耍，快快乐乐的！"男孩却说："我已经不是小孩子了，我不要再爬树和玩耍了。"

"我想买一些玩具来玩，我需要钱，你可以给我一些钱吗？"

"真抱歉！"树说，"我没有钱，只有树叶和苹果。孩子，拿我所有的果子到城里去卖吧，这样，你就会有钱了。"

男孩很高兴，于是爬到树上，摘下了所有的苹果，并把苹果通通带走了。

树看到自己能帮助男孩，心里好高兴啊！

男孩摘走苹果以后很久很久都没有再来过……树好伤心。

有一天，当男孩长成一个真正的大人的时候，他回来了。

树高兴得发抖，她说："来啊！孩子，爬上我的树干，抓着我的树枝荡秋千，快快乐乐的！"

"我太忙了，没时间爬树。"男孩说，"我必须为我的家庭工作。"

他说："我想要妻子和小孩，所以，我需要一间房子。你可以给我一间房子吗？"

"真抱歉，孩子，"树说，"我没有房子，森林就是我的房子。"

"不过，你可以砍下我的树枝去盖房子，这样你就会快乐了。"

于是，男孩砍下了她所有的树枝，心满意足地去盖房子了。树因为见到男孩，觉得好快乐。但是，在那之后，男孩就再也没回来。树觉得好孤独，心里很难过。

一个炎热的夏日，男孩回来了。树太快乐了，快乐得几乎说不出话来。

"来啊！孩子，"她轻轻地对男孩说，"过来，来玩呀！""我已经老了，玩不动了。"男孩说。"我想坐船离开这里，让自己的身心放松一下。你可以给我一艘船吗？""砍下我的树干去造条船吧！"树说。"这样你就可以远航了……你就会快乐了。"于是，男孩砍下了她的树干，做了一条船。他坐着船去了很远的地方，很久都没有再露面。树好快乐……但不是真的。

很多年之后，男孩已经变成了白发苍苍的老人，他又回到这里。"真抱歉，我的孩子，"树说，"我已经没有什么东西再可以给你了。""我的苹果没了。""我的牙齿也咬不动苹果了。"男孩说。"我的树枝没了，你不能在上面荡秋千了。""我太老了，不能在上面荡秋千了。"

"我的树干没了，"树说，"你也不能爬上来了。""我太老了，也爬不动了。"男孩说。

树说："我真希望我能给你些什么，可是我什么也没有了，只剩下一个老树根。我很抱歉……"

"我现在不需要那么多。"男孩回答，"只要一个可以让我安静坐着休息的地方，这些年来我好累好累。""太好了！"树一边说，一边努力挺直身子。"正好啊，老树根是最适合坐下来休息的。来啊！孩子，坐下，快坐下来休息一下。"男孩坐了下来。树好快乐。她高兴得流下了泪水……

* * *

年轻爸爸割皮救女

2011年8月，一场意外的火灾把5岁的小然然烧成了60%的重伤，情况非常危急。在外打工的爸爸闻讯赶到医院，看到全身被纱布包裹的女儿，痛不欲生。植皮是唯一的希望。看着同样受伤的妻子，爸爸坚定地要求从自己的身上取皮。手术时，为了省些钱，爸爸几乎没做考虑，只选择了局部麻醉。

随着时间的推移，药力逐渐减弱。每割一刀，都是撕裂般的疼痛，豆大的汗珠从爸爸的脸上滚落下来，剧烈的疼痛使爸爸浑身颤抖，连医生都为之动容。这位坚强的父亲却说："不疼，多取点吧，对我女儿好。"就这样，一片片带着鲜红血液的皮肤从爸爸的腿上割下来，贴到女儿受伤的脸上、身上，一片片鲜嫩的皮肤就像爸爸撑起的一把伞，为女儿遮住了命运的风雨，又犹如一块块坚实的方砖，为女儿垒起了一道生命的防护墙。

手术后，每活动一下身体都疼痛不已，但医生一走开，爸爸就单腿蹦着，挪到女儿病床前，慈爱地望着女儿，他怕然然醒过来找不到爸爸。

* * *

暴走妈妈割肝救子

湖北武汉，为了救活先天性肝脏功能不全的儿子，母亲暴走七个月，每顿饭只吃半个饭团，消除了脂肪肝，创造了医学奇迹，也成功给儿子移植了1/2的肝脏，这就是母爱的力量。

* * *

奋不顾身，鲨口夺子

沈阳五里河公园5岁的男孩童童掉进鲨鱼池。母亲顾不上将手上的相机和肩上的背包放下，直接跳入鲨鱼池中将儿子救出。她在接受采访时只说了一句话："儿子就是妈妈的全部。"

* * *

一躯何惜，永爱宝贝

汶川地震中年轻的妈妈用努力弓起的身躯为三个月大的孩子撑起一片安全的天空，她的那句"亲爱的宝贝，如果你能活着，一定要记住我爱你！"让全世界动容。

第七讲 集腋成裘：主题班会设计的素材准备和积淀

* * *

灾难无常生命永续

贵州麻岭，在缆车坠落的一瞬间，父母用坚强的双臂撑起孩子，给了他第二次生命，两岁半的孩子还没明白"灾难"是什么，父母已经用生命诠释了什么是伟大的亲情。

（4）美文。

父母辛苦知多少

写下这个题目的时候，我自己也感到很汗颜。因为我是前几年才知道父母的生日，才能真正地体会到父母头上的每一根白发所承载的劳累和沧桑。也就是在前些天，才真正地感受到手里每一分钱的重量。也就是前几天，我才郑重地在日记的首页上写下了：慈母手中线，游子身上衣。临行密密缝，意恐迟迟归。谁言寸草心，报得三寸晖。也就在前些天，在一次团支书会议上，赵老师的一句话，"父母辛苦知多少"，让我的心再一次被揪住。

这些天，心里一直在想和父母在一起的点点滴滴，总想拿起电话，给母亲打个电话，告诉她儿子很爱她。每当自己想到这儿的时候，泪水就会情不自禁地流出来，总感觉欠父母的太多太多，总感觉说出这句话会让自己更加内疚和自责，可是压抑在心里会更加难受。

在大学里读书，并不见得我们就是大人了，并不见得我们就成熟了许多，就懂得了许多。其实我们还很幼稚，还根本体会不到身上穿的是什么，吃的是什么。那仅仅就是衣服和佳肴吗？

在我们的一生中，父母的关心和爱护是最博大最无私的，父母的养育之恩是永远也诉说不完的：在襁褓中吮着母亲的乳汁；揪着父母的心迈出人生的第一步；在甜甜的儿歌声中酣然入睡，在无微不至的关怀中茁壮成长。父母为我们的生病熬过多少个不眠之夜；父母为我们的读书升学花费多少心血。对这种比天高比地厚的恩情，我们能体会多少呢？我们又报答了多少呢？疯狂地打游戏，无休止的上课睡觉、迟到，甚至旷课，这就是我们的报答吗？我不知道你是不是敢想一想你的父母，想一想父母头上那些新添的白发；我不知道你是不是敢想一想面朝黄土背朝天的父母，想一想日夜加班还可能面临下岗的父母。在大学里，我也有过这么一段幼稚得有点傻的日子，那个时候，我不是没有想到这些，而是我不敢想，只顾昧着自己的良心，自以为聪明地做着一些傻事。

总是以一种自以为很酷的方式把吸剩的烟头弹出，总是以一种自以为很轻松的口吻说自己蹉跎着时光，总是以一种自以为很浪漫的神态拉着女友的手，总是以一种自以为很自豪的态度逃课上网，总是以一种自以为很潇洒的生活应付生活，其实是幼稚，幼稚得可笑。而我们的父母呢？总是以一种很不在乎的方式给我们掏钱，总是以一种很轻闲的口气对我们说上班不累，总是以一种很幸福的口吻说有这样的儿子很骄傲。可是我们不但没有想过报答，就连父母为我们付出的辛劳我们也没有放在心上，我们也都有为人父母的那一天，到那时我们心里的滋味会怎样？

人非圣贤，孰能无过。无论我们以前做过什么，只要现在我们静静地想想父母为我们付出的点点滴滴，想想我们明天的责任，拿起那些被我们遗忘的课本，安心地坐在教室里，认真地听完每一节课，用心地过每一天，我想我们的父母就可以真正地为我们骄傲。

* * *

感恩父亲节

叶茂的季节，父亲节在期盼中如期而至。这是一个凝重的节日，是一个让我们做儿女的感恩的节日。

生命中，父亲就像是一座大山，为我们遮风避雨；也像是一个巨掌，为我们撑起一片蓝天。在我们记忆的深处，有儿时父亲牵着我的小手学步的开心，有少时父亲送我上学时期待的目光。在他的关爱与呵护中，我们一天天长大，直至融入社会，成家立业，父爱依旧如影相随。

从何时起，在所谓的忙忙碌碌的工作中，在朋友的欢歌笑语中，在杯光盏影中，我们竟是渐渐地忘记了，那一路走来始终不离不弃的融满爱与牵挂的目光。多少次，我们在父亲尚未讲完的时候因朋友之约就匆匆将电话挂断；多少次，我们在父亲望眼欲穿的期盼中，一句"太忙，回不了家"让父亲失望；多少次，我们用无意的承诺带给父亲希望，又在无意的失信中让父亲伤感。

再次看到父亲那日渐衰老的身影,那刻满沧桑的皱纹,突然间心里有一种说不出的痛。一直以来,我们理所当然地享受着父亲的呵护与关爱,却从未想到过父亲已年近古稀,已是需要我们关心的年龄。父亲一生将所有的精力与心力都付于儿女,从未向我们要求过什么,及至晚年,心中一直放心不下的仍然是我们,而我们在习惯中却忽略了作为儿女应尽的义务。

父亲节来临的时候,我的心才再次被触动,再次受到震撼,才真正地意识到,该是我们作为儿女尽孝道的时候了。

(5)音乐。

- 《绿叶对根的情意》。
- 《感恩的心》。
- 《鲁冰花》。
- 《辛德勒名单》背景音乐。

(6)图片。

忍受半年严寒、饥饿孵卵的企鹅爸爸

为儿子挡雨的爸爸

为女儿御寒的爸爸

给儿子快乐的"穷爸爸"

（7）视频。

- 7分钟视频《感恩父母》。

http://v.ku6.com/show/L7mQ3nn1kdIohXPW.html

- The Giving tree.

http://www.tudou.com/programs/view/fR7WJ1Sx3B4

2. 自我规划主题

（1）警句。

- 凡事预则立，不预则废。
- 常将有日思无日，莫到无时想有时。
- 渴而穿井，斗而铸锥，不亦晚乎？

（2）名言。

欲成大河者，必长其源；欲成大事者，必固其基。源愈长，则此河之前途愈有浩荡奔腾之日；基愈固，则人生事业愈不可限其将来。

——范长江

（3）故事。

毛竹的"魔法生长"

在我国南方湘粤一带，生长着一种毛竹，漫山遍野，质地平凡而拙朴，在它一生最初的5年里，确实很平庸，人们几乎觉察不到它在生长。

在别的竹类争先恐后攀比高度时，毛竹似乎一点不动声色。当第六年雨季到来时，毛竹终于钻出地面，而后像施了魔法一样，以每天60厘米的速度生长，迅速到达30米的高度，在6个星期内就完成了它一生所要达到的高度，并把它的同类远远地甩在身后，创造了属于自己的神话。为什么会有这样的结果呢？寻本究源，毛竹最后的快速生长，所依赖的就是前五年的日积月累，它以一种不易被人发觉的方式向地下生根，在5年时间里伸展出长达几公里的根系。积微成著，蓄势厚发，才造就了毛竹的一柱擎天。

毛竹在蓄势后的"魔法生长"，黄山松在风雨中的"气定神闲"，都源于基础的深厚、稳固。正是在无声中积聚了破土而出的力量，才有了毛竹喷薄而出的奇迹。

（4）图片。

榕树能伫立于石板上，皆因叶茂根深
事业之树长青，缘于有心人的自我奠基

真正的铁饭碗，不是在一个地方吃一辈子，
而是一辈子到哪儿都有饭吃

（5）视频。

电影《阿甘正传》片段。

 小贴士

班主任要学会有效学习

国外研究者在区分人的学习类型时，很有趣地把人的学习和三种昆虫——蜘蛛、蚂蚁和蜜蜂的习性进行类比。

S A B 式学习

Spider
Ant
Bee

蜘蛛（Spider）的习性是结网，它只要有自己肚子里的丝就够了。S式学习的人故步自封，自以为是，认为自己就是最好的，没有学习的意愿。

蚂蚁（Ant）的习性是不知疲劳地搬运，但是很少想到加工、改造，只是把东西搬进蚁窝就万事大吉。A式学习的人学习很努力，但是，他们只是记录别人的东西，他们的学习成果就是大量的笔记和记忆，没有转化成实践成效。

蜜蜂（Bee）也很勤劳，但是，它很懂得选择，它采集最精华的花粉，更重要的是，经过自己的加工和改造，把花粉变成了更有价值的蜂蜜。B式学习的人，善于反思和建构，而不是机械地记忆和模仿，善于把学来的知识转化为个性化的知识，并且及时地生成实践成果。

班主任在专业学习中要有效地学习，创造性地学习，做个B式学习的人。

第八讲

以微见著：主题班会方案的改进研究

问题导引：

- 班主任的研究与普通的教育研究有何不同？
- 班主任如何进行以主题班会为个案的案例研究？
- 撰写主题班会实施后的反思要关注哪些细节？
- 怎样对主题班会方案进行问题诊断和提供改进建议？

主题班会是班主任的"专业课",班主任不仅要设计主题班会,组织实施主题班会,而且还要研究主题班会,在实践中不断总结经验,不断提升自己的活动育人的理念和班会的创新设计能力。这一方面是因为主题班会在班主任工作中所具有的特殊地位,另一方面也源于班主任自身的学习特点和特殊研究方式。

一、班主任学习与研究的特点

班主任的学习是典型的成人学习。教师从大学校园毕业后进入中小学,除了社会角色的转变和工作任务的显著变化,学习方式也发生了根本性的改变。班主任的学习除了符合成人学习的一般特点,也与班主任的工作职责和班级管理的内容直接关联,体现出班主任所特有的成人学习特点。

1. 倚重经验并不断提升经验的实践过程

班主任的学习和研修是成人学习,是建立在实践经验基础上、不以考试为目的的学习形式。作为成人学习者,班主任积累了丰富的班级管理经验,他们理解新知识、掌握新技能都需要调动已有的经验,因此,案例式研修和基于实践经验的反思性学习是最契合班主任学习特点和学习需求的学习形式,通过案例解析可以让抽象的教育理论与班主任鲜活的实践经验相互贯通,在案例研究中看到案例背后的规律性。同时,以经验为基础的学习，可以帮助班主任交流分享彼此的经验，进行交互性学习。

2. 基于问题并有效解决问题的任务驱动

作为成人的学习，班主任的学习动机是为了解决自己工作中的具体问题，通过学习新知识、新方法来解决自己班级管理中的难题。因此，班主任的相关培训要引导他们深入分析自己的问题，并在培训中要求他们把所学习的新理念运用到自己解决问题的思维过程中，尝试在指导教师的引导下独立解决这些问题。

3. "工""学"有机融合的行动研究特质

作为成人的学习，班主任的学习和工作之间没有截然区分的界限，当他们尝试把所学习的知识运用到班级管理实践中时，并不仅仅是单一的工作过程，也是特殊的学习过程。在行动研究过程中，当班主任运用所学的新知识、新理念去解决实践问题时，不仅实现了知识的实践转化，也让自己的学习进入了一个更高的层次。

班主任每天独立面对班上的学生和不同的教育情境，需要他们对各种问题做出迅速的反应，并且在较短的时间内找到解决问题的合理策略，这就对他们的独立研究能力提出了更高的要求。

4. 碎片化的时间和非体系化的研究范式

班主任因工作繁重难以拿出大块的时间投入到学习当中。此外，因为每个学校的班主任都担负着学生日常管理的任务，所以，班主任也没有办法长时间在外脱产进修学习。因此，班主任必须利用碎片化的时间，寻找适合自己的学习内容。

班主任不是专业的、专职的教育研究者，班主任的研究不是纯粹的学理研究，更不是空泛的坐而论道，而是把教育、心理理论运用到班主任工作实践中，在教育经验总结和案例研究中不断提升自己的研究素养和独立开展教育研究的能力。

二、班主任应该具备的研究素养

班主任教师除了条件性知识，即教育、心理的基本理论知识，相对欠缺以外，在教育研究的基本素养方面也有很大的提升空间。班主任有必要掌握教育科研的一般过程和基本原则，了解教育科研的基本方法，形成初步的、规范的教育科研能力，此外，班主任也要把握班主任研究的特点，强化行动研究和案例式研究的能力。

1. 需要更为出色的问题意识和教育敏感

新闻理论中把"新闻敏感"作为一个新闻工作者最重要的素养，也就是说，记者比普通人的高明之处就在于，他们善于在普通的日常生活中发现新闻线索，从普普通通的生活事件中寻找新闻价值，并及时进行捕捉和提炼。其实，班主任老师在教育生活中也要有这份敏感，在常规的教育工作中找到教育契机，创造性地解决问题。

在班主任的研究素养中首要的是问题意识。教师要善于发现问题，发现问题是班主任提升研究能力的第一步。但是，并不是每一个人都能从司空见惯的日常班级管理和师生交往中发现问题，就像艺术大师罗丹所说的，"对我们的眼睛来说不是缺少美，而是缺少发现，真正的艺术家就是要善于从别人司空见惯的东西中发现出美来"。艺术的创作是这样，教育研究亦如此。成为反思型教师、学者型教师，一个首要的条件就是善于体察周围教育环境的变化，善于捕捉别人不易觉察的教育细节，善于及时地抓住教育契机。这种能力称为教育敏感。

• 从教材的变化中发现新问题，寻求新的教育对策。近年来，各个学科的教材内容变化很大，这些内容不仅是学科教学要关注的问题，也是班主任在学生教育、主题教育活动设计中要关注的问题。

• 对自己以往的工作模式、工作方法进行反思，寻求更好的解决问题策略。在我们通过学习理念获得提升、视野不断开阔以后，我们就更能发现自己工作中的问题。

• 在网络和大众传媒中寻找教育灵感，积累更贴近学生生活的教育素材，作为主题活动教育的资料。

2. 在行动研究中积累和反思

班主任的研究不是学理研究，不是宏大的课题研究，而是贴近班级管理和学生教育的案例式研究。班主任在研究中要运用自己丰富的实践性知识开展行动研究，同时也要不断积累和总结，把默会的知识变成明言的知识，即能说出来和写出来的知识。班主任研究的基本模式是：

- 听中学：倾听他人意见，广泛吸取他人的先进经验。
- 做中学：把所学的新理念和新知识运用到班级管理实践中。
- 听懂的东西做出来：把自己在专家讲座、优秀班主任经验介绍中听到的新理念和新方法作为范例进行模仿、借鉴。
- 做好的东西说出来：把自己借鉴他人经验时的新发现和新体会与同伴分享，听取他人的指导和意见。
- 说好的东西写出来：把自己做过的班级管理案例或专题班会的反思和心得写下来，作为阶段性研究成果进行总结。

强调班主任的行动研究，并不意味班主任不需要理论学习。理念是一个人观念和思想的总合。一个人有什么样的理念，决定了他的行为选择。科学的教育理念的形成一定绕不开教育理论学习这道坎！孔子早就告诫我们：学而不思则罔，思而不学则殆。教育反思必须是在科学理论指导下的反思，科学的理念加上实践中的主动反思，才能形成科学的、真正具有指导意义的教育策略。

案例：一节上了六次的主题班会课

笔者曾应邀就一个面向小学三、四年级学生的主题班会课——《做细节中的文明人》，在不同学校先后上了六次。虽然都是同一主题，但是每一次上完课以后都有新发现和新感悟，都会看到设计中存在的问题，都会激发自己对主题班会方案进行进一步的改进和完善。每一次上完课以后，马上根据自己的新思考和新发现修改主题班会的方案设计。基于课堂观察，每一次上完课以后，都会对小学中低段学生的年龄特点有了更深层次的理解，都会对以前学习的关于小学生心理特征的发展心理学知识有了新的领悟。

一直到上完第六次课，才觉得这堂课基本达到了预期的教育目标，达成了良好的教育效果。如果没有这样的反思和研究，没有实践活动中的切身体会和独到发现，这节主题班会的设计与实施不会得到有效提升。

通过了解学生，研究学生，同行交流，虚心学习，在实践中自修，班主任的独立研究能力逐渐形成；通过调查研究、个案研究、实验研究等方式，班主任可以提高自己的研究能力；通过案例式研究和论文撰写，完成从经验描述到理论提升的转变，班主任可以不断提升科研素养。班主任要学会把抽象的理论运用到教育实践中，使自己不仅具有问题意识和反思的精神，还具备在严格的研究规范之下独立开展教育研究的能力。

三、案例解析——班会方案的问题诊断与处理

班主任要想提高主题班会的设计与实施能力，还必须通过深入的个案研究和动手实操来完成。班主任可以针对自己的主题班会设计与实施方案，或者他人的班会实施计划，进行问题诊断和研究，在此基础上做出有针对性和操作性的改进设计，并对这个改进过程进行案例分析，这样才能实现实践研修中的能力素养提升。古人在诗词中也形象描述了这样的实践研修过程——"操千曲而后晓声，观千剑而后识器"。技艺的不断提升不仅仅是因为见识了丰富的个案，开阔了眼界，还在于面对不同问题而形成的个性化经验，以及动手能力和实操能力。

主题班会设计方案的改进研究要经历以下几个步骤：首先，通读实施方案，并对主题班会的目标、实施过程和班会的容量做出初步判断；其次，要客观公正地分析本方案存在的问题和需要改进的具体细节，确定改进设计的要点；最后，对方案进行改进设计，提出改进设计的具体方法，撰写

本活动方案的评语。

以下是四个比较典型的主题班会实施方案的分析和修改过程。

1. 班会"微调打磨"

案例:"我能行"主题班会

一、主题

1. 爸爸妈妈,我进步了!

2. 孩子,你很棒!我们期望你继续进步!

3. 孩子们,我们能做得更好!

二、过程

1. 开场(学生发言)。

2. 班长总结(前期工作)。

3. 学习经验交流:王果同学发言。

4. 对优秀和进步学生予以表彰(家委会、班主任)。

5. 家长发言:你们很棒、我们期望你们继续进步!

6. 表彰家长。

7. 教师发言:我们能做得更好!

8. 家长读感谢信,给教师发奖。

9. 班主任讲话(小结、汇报、建议)。

三、表彰

开展"做事学习我能行"活动以来,我们班涌现出一大批进步明显的同学,通过同学们自己寻找和发现,并征求教师和家长的意见,对这些同学们予以表彰,希望再接再厉,争取更大的进步。表彰奖品由家长委员会提供。

1. 学习方面。

(1)学习优胜奖:王果。

(2)学习进步奖:邹勤欣 梁姝君。

(3)认真预习:张茜琪 陈俊成。

(4)认真听讲:史江玥 潘丽丹。

（5）积极回答问题：李冰心。

（6）认真作业：胡仕幸　刘磊。

（7）思维敏捷：汤明睿。

（8）钉子精神奖：陆熙林。

2. 工作负责。

（1）优秀小组长：刘芮含。

（2）优秀值日生：袁媛。

（3）优秀班干部：王果　李冰心。

（4）优秀课代表：赵程惠　史江玥。

（5）认真做操：拜尔克。

（6）做事进步奖　沈希为　林标华。

（7）优秀养花员：冯浥漠。

3. 文明守纪。

（1）进步奖：拜宣丞。

（2）课间守纪：杨颖。

（3）尊敬老师：梁姝君　李诗琦。

（4）及时与父母沟通：汤明睿。

（5）不发脾气：邹勤欣。

（6）勇于认错：陆家豪。

4. 其他。

（1）积极做家务：李振宇。

（2）阳光长跑认真：肖书恒　胡育成。

（3）宣传投稿：陈俊成。

（4）最佳班级名言：李晓岩。

（5）为班级做贡献：柯红宇。

5. 优秀家长。

通过征求孩子们的意见，结合平时在教育过程中家长的参与情况以及家长委员会的建议，对下列家长予以表彰。

（1）管理负责：汤明睿家长　邹勤欣家长　李冰心家长　李诗琦家长。

（2）认真辅导：李振宇家长　张茜琪家长　沈希为家长。

（3）及时沟通：陆熙林家长　拜尔克家长　李晓岩家长。

（4）亲子关系和谐：梁姝君家长　胡仕幸家长。

（5）尊重孩子：史江玥家长　潘丽丹家长　赵程惠家长。

（6）为孩子做表率：王果家长　陈俊成家长。

（7）家校联系：刘芮含家长　陆家豪家长。

（8）重视孩子的品德、习惯：拜宣丞家长　肖书恒家长。

（9）关注孩子：柯红宇家长　袁媛家长　刘磊家长　杨颖家长。

（10）对孩子坚持鼓励：冯浥漠家长　胡育成家长　林标华家长。

家长发言：同学们，当你们怀着渴望、带着新奇走进中学校园时，是坐在我们身边的老师们迎接了你们。这一年多来老师们带领你们畅游知识的海洋，使你们收获了知识，收获了师生情和友情，让你们在人生的路上快乐、健康地成长。在此，家长们为了感谢老师们的付出和努力，特别给每一位老师赠送一份小礼品和一封感谢信，恳请老师们一如既往地关注我们的孩子。下面，我提议全体五班的同学和家长深深对老师鞠一躬以表达我们的感谢之情。谢谢老师！

问题诊断：

总体上看，这个班会设计是不错的，没有大的问题，只需要"微调"和"打磨"即可。本次班会设计最大的一个特色就是把常规的班会与主题班会进行了有机的整合。通过各种表彰活动，凸显班级的变化和同学的进步，以此强化只要努力大家"都能行"的主题。

本次班会的另一个特点就是充分发挥了家长委员会的作用，家长委员会全程参与了班会，通过与学生的互动，充分体现了家长的教育作用。

存在的问题是：

（1）活动形式稍显单一，需要进行必要的调整，特别是奖励活动，需要变化奖励的方式，拉开奖励的档次。

（2）班主任的总结发言可以再进行提炼，使总结提升更加凸显"我能行"的主题，体现激发学生学业动机和成就动机的功能。

改进建议：

（1）老师最后的总结发言提升了班会的主题，但是，每一个问题的话语表达方式与"我能行"的主题并不能直接呼应，如换成如下表达，效果势必能进一步提升：别人的支持，保证我们行；我们进步的事实，证明我们都很行；只要继续努力，我们会更行。

（2）与常规班会的整合在一定程度上也会冲淡主题班会的主题性，使主题班会演变成为固定班会。所以，本次班会需要让学生在活动中真正体会自己的进步和变化，更要让他们坚信只要自己努力付出就一定"我能行"。

（3）奖励发得过多会降低奖励的分量，在奖励的形式上，可以再做精细区分，哪些是口头表扬的？哪些是集体表彰的？哪些是需要用奖状的形式嘉奖的？这样分层表彰效果会更好。

2. 班会"一拆三"

案例："我要负责"主题班会

师："我要负责"主题班会现在开始。首先请同学们观看一个视频《网瘾少年走上不归路》，并思考以下几个问题：

（1）视频中讲述了怎样的故事？

一个花季少年因为上网而被误认为偷拿了奶奶的钱，导致他喝农药自杀。

（2）是什么让他走上了不归路？

对社会黑网吧的打击力度不够；父母外出打工，缺少家庭关爱；学校监管不够；自控力不强导致网瘾；对自己的行为不负责任，失去别人的信任；在奶奶说他偷钱后，他没有解释，而是轻率地结束自己的生命，对生命极其不负责任；对奶奶和父母等家人也不负责任，给他们造成无比的痛苦。

（3）你认为他可以采取哪些方式避免这场悲剧的发生？

其实我们埋怨社会、家庭和学校，就是把自己不理想的行为都归因于外部，推卸自己应负的责任。埋怨是责任感薄弱的表现。

不要逃避现实，勇敢地面对父母不在身边的事实，照顾好奶奶，对自己的行为负责任。遇到事情冷静思考，正确判断什么该做，什么不该做，权衡结果后再做决定，采取行动。

（4）给你的启示是什么？

有行为就会有后果，有后果就要负责任。面对问题，要做到冷静思考、正确判断、谨慎决定。

我们每天要做出各种选择，若缺乏思考和判断就很有可能做出愚蠢的决定，不明智的选择对人的影响巨大，甚至人的一生可能因此而完全改变。

责任与生命紧密联系。不负责任不仅会给他人和社会带来损失，造成麻烦，还会失去别人对自己的信任和尊重，受到大家的谴责，甚至会走上违法犯罪的道路。

那么，什么是责任呢？我们的责任是什么？

环节一：认识责任

（1）请同学们谈谈对责任的理解。

一个人由于具有不同的社会身份和不同的能力因而有不同的责任。

（2）我们的责任是什么？在我们身边有哪些负责任的榜样？

责任要从身边的小事开始做起。把握现在，就是把握未来。有责任才会有成功。责任就是理想。老师在生活的点滴中看到了同学们一起负责的身影。让我们一起去分享我们的足迹。（播放mv《幸福之花从这里开放》）

看到同学们负责的身影和负责的态度，我想起了一句话：一个人应懂得承担责任，但是承担责任是要付出代价的。（投影展示）

环节二：感悟责任

观看视频《12岁少年承担家庭重任》，回答问题：

（1）12岁少年让你最佩服的是什么？

（2）他付出了什么？获得了什么？

（3）列举你负责任的例子，当时你的感受是怎样的？

履行责任是有代价的，要付出时间、精力，要承担风险，还可能遇上误解和猜测。履行责任也会有许多收获，使自己赢得自尊，获得自信，赢得荣誉、奖励和机会，成为受人欢迎、受人尊重的人。有时可能得不到预期的收获，但至少能得到锻炼，积累经验。

人生须知负责任的苦处，才能知道尽责任的乐趣。不履行责任会受到道义的谴责和法律的制裁。我们要学会主动承担责任，在负责的人生中得到尊重，健康成长，最后走向成功。

环节三：学生自由发言

请用一句话或一首诗表达你对责任的理解和争做负责任中学生的美好愿望。

班主任总结：

教师承担了教书育人的责任，得到了"太阳底下最光辉的职业"的称号；医生承担了救死扶伤的责任，获得了"白衣天使"的赞誉；运动员承担了为国争光的责任，得到了人们的鲜花和掌声。可见，履行责任的人可以获得自尊和自信，更容易被其他人接受和认可，尤其是依赖于他们的人；履行责任的人可以赢得荣誉、奖励和掌声。同学们，让我们主动承担起自己的责任，在负责的人生中得到尊重，健康成长。

问题诊断：

（1）这个班会方案的主要问题是内容安排过多，能感受到班主任特别想把主题所涉及的内容尽可能多地展示出来，因而显得繁杂，线索不是很清晰。其实，班会分为三大部分：开头部分的主要内容是老师引领学生认识责任，体验责任；中间部分的主要内容是推选班级的尽责标兵；最后一部分是学生的活动风采展示。这么多的内容要在45分钟的时间内全面展开是不现实的。

（2）班会中教师主导的成分过多，前半部分的问题讨论基本上是教师提出问题，让学生思考或回答，学生的主动性未能充分发挥。

（3）问题呈现的形式过于单一，基本上是老师提前设定好的问题，学生自主建构的观念和想法没有充分展现。班会预设的东西较多，而班会过程生成的东西不够充分。

（4）在活动过程中，学生的参与面不够广，基本是发言的少数学生参与，大多数学生是听众。如何扩大活动的参与面，让全班同学都动起来，是班主任在方案改进中需要特别关注的问题。

改进建议：

（1）在结构上可以把班会大胆地拆成三个班会，都围绕"对自己负责"这个主题。

第一次班会以"价值澄清"的模式，通过对责任问题的讨论，让学生充分体会担当责任的普遍意义。可借助现代著名哲学家加缪的名言，"幸福不是一切，人还有责任"来引出问题。通过小组讨论，让学生不仅体会到尽责、担当是一种特殊的境界，也是一种别样的人生幸福，而且让学生在充分获得自由选择的前提下，自己做出取舍和决断。

把第二部分内容扩展为一次以"尽责、担当的得与失"为题的班级辩论会，把更多的机会和主动权交给学生，让学生通过充分的交流和辩论，体会责任的意义，以及做一个尽责、担当的人的幸福感。

把第三部分扩展为一次单独活动——评选班级最有定力的人。可以把活动设计得灵活、生动一些，比如，借鉴电视中人物评选的办法：第一个环节"上榜理由陈述"，每个举荐的人说说上榜理由。第二个环节"不同声音"，听听反对者的意见。之后大家再达成共识，确定推举人选。最后，安排一个获奖感言的活动，让获选者谈谈自己的感受和体会。建议这个活动不要提前安排，不要搞成表演秀，最好是自然生成的。

把表演、展示的部分明确变为一次关于责任与担当主题的活动展示，将提前布置的各组的活动做展示总结。通过表演加深大家的印象，深化同学们的感受，营造良好的班级氛围，实现活动的隐性目标。

（2）改变教师"抢戏"、主导分量太重的做法，可以尝试不直接由老师抛出问题，而是在大家讨论的基础上生成问题。在活动中各小组可以使用"纸板"做活动道具展示问题，老师引领大家共同做出总结。

（3）要想让全班同学都动起来，就必须改变单一的一问一答、轮流提问的形式，可以采取以小组为单位讨论、组间观点补充、组间相互评价的形式，让大家都有任务，都对活动保持足够的关注度。

3. 班会"大手术"

案例：做负责任的好公民：我学习，我成长

班会背景

现在的学生都是独生子女，生活衣食无忧，备受关爱照顾，这样的情况也导致了不少教育问题：学生在学习上缺乏动力，学习不够努力，听讲时注意力不够集中，作业不认真或抄作业，等等。

本学期学校把培养学生的责任感作为教育重点。这次班会的目标是要让学生在自主活动中认识到自己的主要责任是学习，从而能够树立自己的目标，懂得承担自己的学习任务，体会家长和父母的辛苦，知道感恩。

班会目标

1. 情感目标：激发学生学习的热情，知道感恩于父母和老师。
2. 认知目标：知道父母和老师的辛苦以及自己应承担的责任。
3. 行为目标：理解父母和老师，能确立自己的学习目标并努力学习。

班会过程

1. 开篇。

男生主持、女生主持（齐）：各位老师，各位同学，大家好！（男）我是××,（女）我是××，我们代表初二（7）班全体同学欢迎大家的到来。

男：我知道一句名言：高尚和伟大的代价就是责任。你知道自己的责任吗？

女：做好老师的小助手，帮助妈妈收拾屋子，好好学习，取得好成绩，这些都是我的责任。学习是我们最主要的责任。

男：现代的社会发展非常迅速，它需要的劳动者是知识丰富和有技能的人。

女：我们是中学生，正处于为适应社会打基础的阶段，要为实现自己的人生价值而打基础。

男：将来要想成为一个优秀的劳动者，我们现在的学习态度至关重要，希望今天的主题班会能给大家启发和帮助。

2. 向榜样学习。

男：时间过得真快，开学都两个半月了，期中考试也结束了，你考得怎么样呀？

女：一般而已，不是我谦虚，咱们班真是藏龙卧虎，有很多同学在这次考试里考出了很优秀的成绩。

男：是吗？

女：下面有请学习委员宣布：初二（7）班期中考单科状元、进步生名单。

男：并有请学校领导颁发奖状、奖品。

（学习委员宣读名单，学校领导颁发奖状、奖品）

男：榜样是一个目标，使我们明确前进方向。

女：榜样是一种激励，激发我们潜在的能力。

男：榜样是一种方法，指引我们走向成功。

女：榜样是一股力量，鼓励我们奋勇前进。

男：榜样是一盏明灯，照亮我们前进的道路。

女：榜样是一支火把，点燃我们绚丽的生命。

男：现在班里其他同学肯定特别羡慕这些获奖的同学。

女：我更想知道他们为什么成功，学习了他们的成功经验，下次我肯定能考得更好。

男：那我们对他们进行一下采访吧。

女：我来问问学科状元：你认为自己聪明吗？你对自己现在的学习满意吗？对以后的学习还有什么想法？（学科状元回答）

男：那我向进步生取取经，请他们回答我的一个问题：很多人认为学习是一件苦差事，你们在学习中体验到的是什么？请和大家分享一下。（进步生回答问题）

女：我想其他同学还有问题要问获得表彰的同学，下面给大家提问机会。（学生自由提问题）

男：采访结束，请学科状元和进步生回到自己的座位。

女：感谢这些同学把自己的宝贵经验和我们分享，我们要向他们学习，相信下次班里会有更多的同学获得进步。

3. 老师和父母的心。

男：在我们的生活和学习中，有一些人一直在默默地照顾着我们，关注着我们的成长，当我们取得进步时，他们会比我们更开心；当我们遇到困难时，他们会比我们更焦急；当我们成绩退步时，他们比我们更伤心。

女：这些人承担的生活和工作压力特别大，但他们想得更多的是我们，我们的事，不论大小，他们都装在心里。有时他们会恨铁不成钢，对我们发火生气，但他们更多地是在思考如何让我们成长得更好、更顺利，因此他们头上的白发越来越多。

男：我知道他们是谁！

女：是老师、父母！老师和父母是我们成长、进步的坚强后盾。刘老师在班会前请班里每一位家长给孩子写了一封信，现在请大家打开父母的信，体会一下父母的心。（学生阅读父母的来信）

男：倾听父母的心声，使我们对父母有了更多的了解，也许我们有了更多的感触、想法，我们回家后打算和家长说些什么，或者今后有什么打算呢？

女：那么，咱们请同学们来说一说吧。（同学发言）

男：感谢家长，同样，我们也不会忘记老师，老师也是我们人生路上重要的人。

女：老师像园丁，老师像蜡烛，老师像春蚕，老师像妈妈，老师像……再美的词语给您都不过分。

男：我们都曾经历无数令我们难忘的事。

女：现在大家回忆一下，谈谈让你感动的老师和事情。（同学发言）

男：时间是有限的，感动是无限的。我们会努力学习，以优异的成绩回报可敬的老师。

女：我们同样想听听老师的心声。（老师发言）

男：接下来请听诗朗诵：《妈妈的心》《老师的心》。（诗朗诵）

4. 我的理想。

女：理想是石，能击起星星之火。理想是火，能点燃生命之灯。有了理想，学习才会更勤奋，眼睛才会更明亮。

男：理想，是飞升的朝阳。理想，是祖国妈妈的希望。有了理想，胸怀才会更宽广，意志才会更坚强。

女：理想啊，照耀我们的心房，为我们指引方向。

男：大家考虑过理想吗？

女：下面先请大家听魏晓讲一个故事：《周恩来为中华之崛起而读书》。（同学们听故事）

男：听完故事大家都会有感触。伟大的志向造就出伟大的人。我们要向周恩来总理学习，从小立志。

女：作为21世纪的主人，我们虽然身处和平年代，但我们应当为祖国的繁荣富强而努力学习，这样也是对自己负责。

男：我们应该有自己的理想，近期的或者是远期的。

女：下面请大家把自己的理想写在愿望纸上，写完后贴到我们班的愿望树上，愿两年、十年、二十年后，经过我们的努力，我们理想的果实能够成熟。（同学写自己的近期理想和远期理想并做说明）

男：如果你的理想是一粒种子，就埋进泥土里吧。你若想带给人们一个金色的秋天，不要只是等待着春风春雨，还要依靠你的汗水和耕耘。

女：如果你的理想是一叶风帆，就快扬帆远航吧。不要只是等待着顺风顺水，你若想到达光辉的彼岸，还要靠坚毅和勇敢。

5. 小结。

男：我喜欢歌德的一句名言：责任就是对自己要求的事有一种爱。今天的班会让大家有什么收获？下面请大家来谈谈。（同学发言）

女：下面请班主任刘老师做总结。（班主任总结）

问题诊断：

（1）这个主题班会的问题是内容过多，线索不清晰。老师的想法很多，却没有按一个清晰的逻辑线索对素材和活动内容进行组织安排，班会整体上是一个"拼盘"的状态，给人感觉主题过大，目标过高，内容过杂。

（2）主题名称过于抽象，具有明显的说教味道，建议修改。

（3）所选择的素材——"周总理为中华崛起而读书"，过于普通，缺少针对性和典型性，也有明显的说教色彩，显得空洞没有说服力，而且素材没有充分和主题相吻合。

（4）整个班会完全依靠两个学生主持人来主导，学生的驾驭能力显然不足。

（5）活动形式单一，一味由主持人提出问题，然后请学生作答，使班会气氛沉闷、单调。

改进建议：

（1）把标题改成"其实尽责很简单"，由此导入主题，让学生明白，尽责首先是把自己的事情做好，把身边的事做好。

（2）给主题班会"瘦身"，大幅裁减内容：去掉向榜样学习、进步生和学科状元生讲话等。把主题定位为——尽责与学习，班会的总体目标是激发学生的学习动机，关注学生的成就动机，让学生体会到：

- 独善其身也是责任；
- 没有能力帮助别人的时候，把自己的事情做好；
- 做不好大事的时候，把身边的小事做好。

在此基础上引导学生认识到把学习搞好，就是对父母最大的回报：

- 不让父母因为我们的学习而操心；
- 让父母因为我们的成长、进步而快乐；
- 让父母因为我们的成就而骄傲。

（3）老师要发挥主导作用，及时引导学生的认识，但是要避免"老师问，学生答"的机械模式，要让学生经过酝酿、讨论，建构出自己的观点和想法。重要的是，让学生自己说出老师想说的话。可以以提问的形式引起学生的关注——思考我们身边的和责任有关的事情是什么。

（4）本案例的素材选择缺少针对性，强化了班会的说教色彩。建议换成古代典故"一屋不扫，何以扫天下"：

> 东汉时有一少年名叫陈蕃，独居一室而庭院龌龊不堪。他父亲的朋友薛勤见状批评说："孺子何不洒扫以待宾？"他回答说："大丈夫处世，当扫除天下，安事一屋？"薛勤当即针锋相对地反问道："一屋不扫，何以扫天下？"

让学生体会故事的深意，树立"从小事尽责，从身边的学习尽责"的观念。

（5）总结发言要贴近学生的生活，避免过于抽象，这一点教师要特别注意。

4. 班会对象"大挪移"

案例：今天，你上辅导班了吗？

班会背景

班主任发现班上的很多学生都在参加校外辅导班。校外辅导班学习给学生带来了严重的困扰。有的学生因为课外辅导班学习占用了大量的精力，以至上课不能集中注意力听讲，甚至有的人在课上睡觉。有的学生因为在辅导班中已经学过了老师在课上要讲的内容，所以，老师上课时他们觉得没有兴趣，又不知道该做点什么，几乎荒废了课上的时间。还有的学生因为对辅导班的学习不感兴趣，不愿意去学习，也由此和父母发生矛盾冲突。

基于这样的问题，班主任决定召开一次主题班会——"今天，你上辅导班了吗？"帮助学生解决因为上课外辅导班而产生的烦恼，消除课外辅导班带来的课业学习和班级常规管理的问题。

班会主要内容

1. 情景剧导入：课外辅导班那些事儿！（学生以情景剧的形式展示课外辅导班带给他们的烦恼，以及因辅导班和父母产生的冲突）

2. 调查反馈：小组展示关于班上同学参加辅导班情况的调查结果。展示课外辅导对班级同学的健康、睡眠和学习等的负面影响。

3. 专家把脉：以视频回放的形式听教育专家讲述辅导班对正常教学和学生身心健康的负面影响，建议家长不要强制学生上课外辅导班。

4. 孩子有话说：现场录制视频，由学生向家长讲述他们的苦恼和希望，班会结束后由班主任把视频发到家长微信群。

5. 班主任总结发言：建议同学们理性对待辅导班。对家长也发出倡议，不要盲目追崇课外辅导班，不要强迫孩子参加课外辅导班。

问题诊断：

本班会方案是为了解决班级出现的问题，具有很好的针对性，但是搞错了问题的根源——上辅导班不是学生的意愿，而是家长们的不理智的强制要求。因此，解决问题的核心不是改变学生的态度而是改变家长的观念。

改进意见：

这个班会内容贴近班级问题，活动设计新颖，但班会的对象出现了偏差，不是学生自己想去上辅导班，而是因为父母之命，因此改进的核心是改换对象——把这次班会变成邀请家长参加的家长会。

 小贴士

主题班会方案修改"工具箱"

- 一把大剪刀：多数班会设计中都存在内容过多的问题，要剪掉多余的活动、累赘的故事、重复的话语，这样才能保证主题班会在规定的时间内完成，才能让每一个活动环节都有足够的时间，才能聚焦主题，给学生充分的时间去参与讨论和深刻体会。

- 一把"T"字尺：这个"T"字中的"—"代表班会内容的广度，指活动的平面展开；"丨"代表班会内容的深度，意指围绕主题深入的分析和讨论。很多班会都存在"拼盘式"活动设计的误区，把多个近似、类同的活动拼在一起，看似内容丰富、活动精彩，但是没有深度和重点。班主任要学会用"T"字尺来检测主题班会的结构是否合理，看看班会是活动的"拼盘"还是围绕主题的深入探究和自主活动。

- 一个分量杯：分量杯是一个比喻的说法。在实验中，我们会遇到把大体量的液体分成相同容积的几份液体的情形，这时我们往往借助量杯来完成。班主任在班会设计中普遍存在"贪多求全"的误区，班会内容太多就会出现"贪多嚼不烂"的问题——班会中提出的问题无法深入讨论，班会也无法在规定的时间内完成。解决的办法是把40分钟的一节班会课容量作为"分量杯"，把内容过多的班会分成两到三次来完成，这样的好处就是可以在一个相同的主题下，完成系列的教育，同时还充分利用了班主任精心准备的素材。

第九讲

班会工作坊：
让主题班会成为校本研修与培训的载体

问题导引：

- 班主任为什么需要学习共同体？
- 工作坊研修有哪些特点？
- 如何有效组织主题班会听评课？
- 观摩主题班会要注意哪些方面？

班主任学习的特点和他们工作中的具体任务、职责决定了班主任的校本研修和校本培训必然是基于经验且提升经验的案例式教学，聚焦问题，并尝试自己解决问题。

班主任的学习和研究不是"单打独斗"，而是需要组建学习共同体，在学校共同体内部进行合作学习。古人常说：独学而无友，则孤陋而寡闻。一个人的经验和视野总是有限的，必须主动拓展自己的学习空间和交往空间。班主任学习需要借助团队的力量，需要组建一个满足班主任学习需求的学习共同体，以便班主任分享经验，寻求他人的帮助和支持，并在这个群体内找到共同学习的乐趣，在不断建立集体归属感的同时看到自己专业发展的方向，增强专业自主成长的信心。

因此，学校和班主任培训部门要为班主任创设合作学习的氛围，搭建经验分享的平台，也要为他们集中学习后的行动研究和自主学习提供有效的帮助和支持。很多学校在班主任队伍建设和校本研修实践中，常常组建班主任工作室，以"工作坊"的形式开展班主任校本培训和校本研修。

一、工作坊研修的特点

班主任工作坊研修是班主任借助集体的力量和智慧组建学习共同体，以班级管理和学生教育中的典型案例或重要事件为研究内容，以案例研究的范式，以现场学习的形式，在一个较长的课程单元里共同研究问题、解决问题的深度校本研究形式。

工作坊研修不仅可以通过专题研究解决重点难点问题，形成新的思维成果，更可以在研讨交流过程中分享经验，在不同观点的交锋与碰撞中，提升参与研修者的独立思考能力和行动研究能力。工作坊研修可以选择班级管理中的重点问题作为研究对象，既可以是班级文化建设的问题，也可以是学生个别教育的问题，既可以是关于学生发展促进的，也可以是关于主题班会专题研究的。

班主任的工作坊研修具有以下几个方面的特征：

（1）针对性。

工作坊的研究目标不是空泛的，常常与班主任的工作内容相关联，通常以班级管理和学生教育中困扰班主任的重点问题或者难点问题为研究对象。

（2）交互性。

工作坊研修为班主任提供了借鉴和学习别人经验的机会，因为每个班主任的学科教学工作不同，每个班级的教育环境和班主任的个性风格不同，因此，不同学科背景和研究视角的经验、观点的分享可以帮助班主任打破自己的思维局限，得到更多启发和灵感。

（3）实操性。

工作坊的研修可以深入到教学和班级管理的现场，进行现场的参与式培训，让班主任在具体的问题情境中深入了解和观察所要解决的问题，这样不仅有助于班主任在共同解决问题的过程中运用所学习的理论知识，也可以提升班主任的学习兴趣和积极性。

（4）生成性。

工作坊研修的成果和实践成效不都是计划和设计的产物，也不是机械、呆板的"照剧本拍戏"——按照既定的活动实施方案，亦步亦趋地组织研修活动，在研修过程中因为参与者的发散思维和观点碰撞，会出现新的思路和解决办法，甚至远远超出预期计划，从而达成更高的学习目标，形成意想不到的全新的思维成果。

二、工作坊研修模式

1. 世界咖啡

"世界咖啡"最初是企业和公司内部使用的一种研讨交流模式。实践中人们发现,个体很容易被自己过去所学或经验所限制,一个团体或公司也很容易被既有的文化或价值观所限制,同构性越高,越不容易产生新的点子。"世界咖啡"(World Café)会议模式的主要理念就是突破这些束缚和局限,实现精神和理念的"跨界"(crossover),使不同专业背景、不同职务、不同部门的一群人,针对数个主题,发表各自的见解,观点碰撞,激发出意想不到的创新点子。"世界咖啡"让参与者从对个人风格、学习方式、情感和智商这些惯用的评判人的方式的关注中解放出来,使人们能够用新的视角来看世界,让人们进行深度的交谈,并产生更富于远见的洞察力。

"世界咖啡"是一种简便易行的学习形式,这种学习形式对班主任的校本研修和主题研修具有很强的借鉴价值。班主任在设计和撰写主题班会方案的实践中积累了很多经验,有很多个性化的创新思路,班主任在校本研修中分享这些经验,并在不同观点的碰撞中找到新的问题解决思路,最终依托学习共同体的力量,研制出有价值的主题班会实施方案。

在"世界咖啡"主题班会方案的研制过程中,首先要确定讨论的问题和思考的方向,围绕确定主题班会的主题名称、选择主题活动内容、确定主题班会活动形式三个核心问题展开讨论,并在每个专题之下提出具体问题。

问题类别	细节问题
班会主题	选择什么主题方向?
	提炼什么主题名称?
	如何限定主题范围?

续表

问题类别	细节问题
活动内容	班会导入的形式和素材
	要采用的活动及活动安排（包括时间计划）
活动形式	凸显学生主体性的策略、发挥教师主导作用的策略
	班主任总结发言环节的设计和素材提供

"世界咖啡"的活动过程如下：

（1）划分小组。

每组4~6人，组数根据学校班主任的总人数来控制，不超过四组。采取异质分组，打乱年级和专业。

（2）观点汇集。

小组成员每人写出任务单中要求的个人观点（5~8分钟），由组长把本组成员的观点汇总到纸板上，作为本组讨论的要点。（20分钟）

（3）观点采择。

组长不动，其他成员可以去其他小组随意参观，询问，组长负责介绍本组的观点、意见，小组成员要记录其他小组的"亮点"，并带回小组。（15分钟）

（4）观点修正。

参照其他小组的研讨成果和观点，修改、完善本小组的讨论结果，并标记新增添和修改的内容，与本小组最初的观点区分开来。（5分钟）

（5）成果展示与点评。

各小组派代表展示本小组的讨论结果和主要观点，专家进行点评分析。（每个小组陈述8分钟，专家点评10分钟）

在"世界咖啡"活动中，组织者要注意以下具体操作细节：

- 营造宜人环境，创设学员专业共享的氛围。
- 努力糅合不同的观点，鼓励每个人做贡献。
- 倾听真知灼见，共享新的发现。

通过共同关注讨论的主题，通过组内和组间的充分交流、分享，班主任们不仅分享了经验，也收获了新的信息，对所讨论的问题有了新的认识和理解，既确定了本组的主题班会方案，也增进了学习共同体成员之间的情感联系。

2. 同课异构

主题班会"同课异构"也是班主任校本研修和班主任培训经常使用的研修模式，与"世界咖啡"主题班会方案研制不同，"同课异构"是已经形成了班会"说课稿"，在"说课稿"比对的基础上进行研讨交流。"同课异构"是班主任分享经验的有效形式，也是提升班主任反思能力、形成独立判断力和研究能力的重要研修模式。

主题班会"同课异构"在组织实施中主要分为以下环节：

（1）同一"说课稿"的两次说课。

两个班主任以各自年级组为单位，分别准备一个主题班会的"说课稿"，向参与研修的活动人员介绍自己的课程实施方案。

（2）不同视角的观点分享。

参与研修的老师结合自己的专业背景和班会设计与实施经验，对两个说课老师的方案发表意见，阐述支持的理由和反对的理由，并提出改进意见。

（3）专家针对性点评和引领。

专家结合两个"说课稿"的展示，提出改进意见，并对其他老师提的改进意见以及问题和困惑进行回应。

（4）备课老师回应。

两位备课老师各自用 10 分钟的时间回应各位老师和专家提出的问题，重点说明下一步完善主题班会实施方案的打算，并与大家分享本次活动中自己在前期搜集资料、确定主题、撰写教案等过程中的收获和感悟。

班会同课异构

通过上述流程介绍我们发现，多学科协同备课"同课异构"工作坊的设计实施具有以下显著特点：

• 多维度分析。不同学科和知识背景的老师各抒己见，进行思维碰撞，互相启发，有利于形成新的思维成果。

• 整合目标。通过对主题班会实施细节的讨论，参与活动的老师不仅学习了主题班会设计与实施的本体性知识，也从各自的专业视角和所承担的教学任务中更深刻地领会了全员育人的理念，体认立德树人的教育职责。

• "靶向"定位。探讨和交流不是漫无目的的泛泛讨论，而是针对两个已经成形的"说课稿"进行比对、分析，因此，讨论的针对性更强，效率更高。

• 比对视角。多学科的老师共同参与讨论，既可以让老师们从别人的专业视角中得到启发，学习别人的思考方式和问题解决策略，也可以在比对中发现不同学科背景对分析问题、解决问题方式的影响，引发自身的教学反思。

• 现场生成。现场学习和参与式培训不仅让参与活动的老师对本次主题班会的设计与实施有了新的思路和方法，同时，在不同视角比对和头脑风暴、思维碰撞中形成了新的思维成果，得到活动前不曾料想的收获。

小贴士

> **主题班会"同课异构"的讨论原则**
>
> • 有比较，但不是为了比谁高明，而是展示不同的思考和创新路径。
>
> • 谋创见，但不是为了标新立异，而是分享经验，获取生成性思维成果。
>
> • 找问题，但不是在差距面前丧失信心，而是激发教学反思和改进的动力。
>
> • 寻规则，但不是构建整齐划一的模板，而是倡导个性化、艺术性的教学探索。

3. 主题班会听评课

主题班会听评课是多学科集体备课后，完成下一个以班会为个案的研修活动流程。参与研修活动的成员要现场观看一个主题班会的全程，在现场观察的基础上进行深度的研讨交流。通常，主题班会的听课流程是：

- 实地观看主题班会或观看主题班会的录像；
- 由班主任本人介绍主题班会的设计意图和效果自我评价；
- 全体观摩人员围绕班会展开开放式讨论；
- 专家作总结点评并回应讨论中提出的问题。

上述的研讨程序，为接下来的现场诊断和有的放矢的分析奠定了基础，不仅能发现主题班会实施中的问题，也能促使老师们去解决这些问题，还可以通过对这个个案的深入分析让班主任体会案例背后的规律性，在问题解决中运用所学习的理论知识，提升班级活动设计理念。

尽管这个传统的听评课模式效果不错，但是，在教学实践中，这样的参与式培训也存在明显的弊端：教师现场讨论往往缺乏主动性，参与研讨交流的范围狭小，有些讨论因顾及情面，不能畅所欲言，有些发言变成了一边倒的"唱赞歌"，参与现场观摩的班主任并没有深刻的反思。

基于这样的现实问题，笔者在实践中尝试对这个听课模式进行了改进设计，提出了"1+1+1"任务驱动型主题班会听评课的模式：

集体观摩班会之后，不是像以往那样，由做课的教师阐述设计意图和效果自评，而是全体老师分别完成"1+1+1"任务：一个亮点（班会值得肯定的优点）、一个问题（班会设计与实施中存在的不足）、一个建议（给做课老师提一个具体的改进意见）。然后让每位参与活动的人员都带着问题与做课教师对话。在开放式研讨环节，因为参与讨论的老师都有深入的思考和自己的发现，每个人都依据自己的"1+1+1"任务发言、讨论，所以，大家都有的说，都想说。

第九讲　班会工作坊：让主题班会成为校本研修与培训的载体

与以往的专家点评相比，"1+1+1"任务驱动型主题班会听评课对专家提出了更高要求：专家不仅要做出针对性回应，还要现场生成微讲座，解答重点、难点问题，做出全面总结，并进行前瞻性分析。

最后，增加活动反思环节——每个教师写出本次活动的体会，以及自己以后在活动设计与实施中的改进方向。

通过专家对主题班会相关理论的介绍，班主任进一步明晰了主题班会的一般过程和设计原则。通过专家结合案例进行的针对性点评，班主任了解了在实施主题班会的过程中通常易犯的错误。这种以典型案例分析为主的序列化、系统化的研究模式，不仅让班主任掌握了班级主题活动的基本流程和设计原则、主题活动方案的内容和结构，而且，也掌握了不同主题和内容的主题活动的特点，同时，结合案例研习，班主任也进一步加深了自己对科学的教育理念的理解，在提升活动设计能力的同时，学会了如何独立进行不同类别和层次的班级活动设计的能力。

不过，班会观摩现场学习存在一个无法回避的难题——当观摩人员较多时，不能实现真正的全员参与，无法实现即时、全面的信息交互。UMU软件突破了现场观摩课研讨交流的"瓶颈"。通过这个小软件，我们可以借助手机实现全员参与，实时互动，还可以实现课上大屏幕投影全方位展示、实时数据统计分析等多项功能。

 小贴士

> **班会现场观摩"导航仪"**
>
> 以下重点和细节可以作为主题班会观摩和现场参与式培训的"导航仪"：
>
> （1）看目标完成情况：班会的目标是否适切、聚焦，班会容量是否适切（参照主题大小，参照班会的时间）。
>
> 　　知：认识能力提升、态度改变。
>
> 　　情：情感体验、内心触动。
>
> 　　意：活动中的自控力、坚持性。

行：主动改变的意念、付诸实施的热情和主动性。

（2）看主题聚焦程度：看标题和主题的契合程度，导入素材和主题的关联度，看活动案例是否具有代表性，是活动的堆砌还是深入的活动，所有活动内容是否紧密围绕主题展开，并一以贯之。

（3）看学生参与状况：不能以是否"热闹"为标准，而要看学生是否在主动参与。班会有时是安静的，需要给学生静思的时间、独立思考的空间。好的班会中学生要达到"三动"——行动（直接参与）、脑动（积极思考）、心动（情感共鸣）。

（4）看老师主导作用：看班主任能否在关键环节介入活动，能否结合班会进程中的情况或突发的事件动态调控主题班会的内容和进程。看班主任的总结发言是否具有深度和启发性，能否结合本次主题班会的内容和实施情况做出后续活动的设计和计划。

第十讲

班会研究 3.0：
从班本课程到"大活动"理念

问题导引

- 班主任为什么要提升对主题班会的研究水平？
- 主题班会班本课程与单一的主题班会有什么本质区别？
- 班主任构建主题班会的班本课程要分哪几个阶段？
- "大活动"理念的准确含义是什么？
- "大活动"理念中的主题班会有何特殊作用？

一、班会研究 3.0 的内涵

班会研究 3.0 是一个形象的比喻，意指班主任关于主题班会研究的最高水平，是对骨干班主任和卓越班主任关于主题班会设计与实施的高要求，也是年轻班主任在具备一定的班级管理经验和主题班会研究积淀以后应该主动朝向的提升目标。

班会 3.0 不是关于某一个问题的具体解决策略，也不是对一节主题班会的精雕细琢，而是需要班主任跳出主题班会的窠臼，面向整个班级的发展规划和自己较长时间的带班周期，以主题班会为核心要素，系统、全面地筹划班级的教育体系，让主题班会充分发挥主导作用的同时，与其他的班级活动、学科教学活动、综合实践活动，以及家校协同活动进行有机的整合与融通。通过系统的活动课程，有步骤、分阶段地去实现自己的带班计划，达成班级教育目标，在班级构建一个活动育人、全程育人和全方位育人的"大棋局"。

二、班会研究升级的意义与班本课程开发

1."育人"不是班主任的一句空洞口号

在当前立德树人、全员育人的大背景下，每个班主任都会把"育人"

当成自己班级管理的终极目标，都会宣称立德树人是自己的责任和使命。但是，如果问及"育人"的具体目标是什么，如何实现这些目标，并不是每个班主任都能给出满意答复的。究其原因，在学校德育实践中，相当多的班级育人目标仍旧停留在空洞的口号和学校分派任务的层次上。

如果班主任不知道要培养学生的哪些优秀品质，不清楚自己在带班过程中要发展学生的哪些个性，班主任的育人职责难免有沦为"空洞口号"和"自我标榜"之虞。班主任只有明确了具体的育人目标，才能有计划地去规划和设计主题班会的教育主题，才能筹划每一次班级主题活动和社会实践活动的具体内容，才能明确班级文化建设最终要达成什么样的结果。说到底，班级的育人目标在本质上是"培养什么样的人"这个重大育人课题在班级管理实践中的具体化、目标化和实操化的体现。

2. 在班本课程的开发研究中找到育人目标

班主任的育人目标不是凭空产生的，是班主任长期深入、细致的研究结果，是班主任在班级管理实践中的专题研究和个性化研究成果。我们通过一位优秀班主任的个性化育人目标的建构与实施过程，不仅可以领略其教育智慧，也让我们更加相信一线老师有能力做班级育人目标的个性化研究。

一个优秀的班主任不是被动完成上级交派的工作任务，而是积极主动地在班级文化建设、主题班会的系列设计中确定自己要实施的具体教育目标，并在自己长期的带班过程中主动地、有创造性地去实现这些目标。这个寻找并制定育人目标的过程中，班主任事实上也在制订自己的班级教育计划，是在班级管理实践中培养自己的研究能力。

每一个班主任应该对自己立德树人的责任和担当有充分的体认，从职责上明确自己不是简单的知识传授者、技能训练者，而是学生全面发展的主导者，是影响学生精神成长和品格发展的"重要他人"。班主任要结合习近平总书记提出的"四个引路人"的要求，通过对《中小学德育工作指南》《中小学生生守则》和学生核心素养目标体系的系统学习，进一步明晰自己对学生教育引领的目标和方向，同时要参照所在学校的办学理念和培养目标，结合自己学科教学的特点或班级文化建设的方向，确定自己引领学生精神成长和品格发展的方向，把自己心中育人的"大目标"与班级文化建设和每一次主题班会的"小目标"进行有机的整合，构建一个围绕"大目标"的班级"小目标"的教育活动体系。

三、优秀班本课程开发案例及实践启示

　　班主任的育人目标与班主任对班级文化建设和班级活动设计的整体构想紧密相关，班主任在围绕自己的带班目标进行班级管理探索的过程中，逐渐明晰了班级的发展方向、对学生的引领方向。这是班主任的行动研究过程，也是班主任规划班级管理要素、进行班本课程的设计与开发的过程。很多优秀班主任开始了班本课程的研究之旅。以下是两个优秀班主任开发的班本课程的典型案例，我们可以从中看到班本课程开发的重要意义，以及优秀班主任的独立研究能力。

　　1. 连老师和"莲文化"班本课程

　　连玉玲老师是一位北京的小学语文老师，她从自己教授的语文课《幼莲咏志》中深刻体认了莲花清雅、高洁、出淤泥而不染的特性，并从莲花的生长特性中看到其背后深刻的人格培养的教育隐喻。因为她所在的学校毗邻北京的莲花池（那里是孩子们探究学习和社会实践活动的乐园），她明确了打造班级"莲文化"，并围绕"莲文化"的精神核心培养学生良好品格的教育目标。

　　连老师认真分析了学校校训所隐含的培养目标，并与社会主义核心价值观教育的大方向进行系统整合，最终把"爱国、正直、向上、团结、奉献、友善、勤奋、节约、自信"九个个性品格作为自己几年内带班要实现的教育目标（其中"爱国、正直、向上"指向校训的"守真"，"团结、奉献、友善"指向校训的"从善"，"勤奋、节约、自信"指向校训的"修美"）。围绕这九个目标，连老师设计出自己的班训、班级口号，制订出围

绕教室环境设置和习惯培养两个重要维度来实现自己的教育目标的班级管理计划。

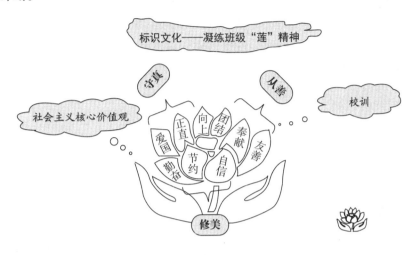

更为精彩的是，连老师还围绕这九个培养目标，系统筹划了以"莲花池"这个实践场景为核心的班级主题教育活动。这些活动不仅指向了具体的教育目标，还充分关注了学生的年龄特点，构建了以"莲文化"建设为核心的实践活动、自主探究活动体系。连老师可谓做足了"莲文化"的文章。

"莲"文化的主题活动

周次	活动主题	奖项设置	活动形式
1-2	寻莲	好手	寻找与莲有关的事物
3-4	说莲	强手	朗诵与莲有关的古诗、儿歌等
5-6	读莲	棒手	分享与莲有关的故事或绘本
7-8	写莲	妙手	在日志中交流"莲活动"感受
9-10	唱莲	能手	学唱与莲有关的歌曲
11-12	画莲	名手	创作与莲有关的绘画作品
13-14	折莲	熟手	制作与莲有关的手工艺品
15-16	养莲	神手	精心养护班级及家长的莲花
17-18	跳莲	高手	跳皮筋或跳房子游戏
19-20	品莲	巧手	泡莲子茶，学习茶艺

连老师把班级的所有活动统整在自己的育人目标之下,有计划、有步骤地去实现这些目标,在带班的终点收获自己的教育硕果。她是一个心里装着自己教育目标的播种者,是一个有耐心、有定力、有智慧的播种者。相信每个班主任都有能力成为这样的播种者,都有责任、有理由成为这样的探索者!

2. 谢老师和"盐文化全课程"

谢带容老师是四川省自贡市蜀光绿盛实验学校的小学老师,她在带班过程中,把研究的重心聚焦于自己家乡的"盐文化"。自贡是西南乃至全国有名的盐都。盐是当地的丰富物产,当地绵长的生活和生产孕育了深厚的"盐文化"。盐的采掘、运输、加工、提炼等生产流程展示了川西劳动人民的智慧和创造性,盐业的兴衰也折射了历史的变迁,衍生了与盐相关的一系列生活和文化的习俗、人物故事演绎。盐,成了自贡市的特殊名片。

谢老师决定把家乡的"盐文化"作为课程资源开发的宝库,通过不同年级的系列主题活动,让学生深入了解家乡"盐文化"的内涵,体认"盐文化"的特殊魅力,让孩子们了解家乡,热爱家乡,做地道的盐都人。她设计了从一年级到六年级和"盐文化"相关的系列主题活动(见下表)。

轻"盐"细语　润物无声
——以"盐文化"为主题的班级文化建设探究

年级	主题活动	主题班会	目标
一年级	1. 认识盐,了解盐的作用和价值。 2. 倾听关于盐的故事,知道"盐"多必失,只有适度运用才能最好地发挥其作用。("盐"之有序)	专注、有序	1. 让学生树立人生价值观。 2. 明白只有通过把握好"度",才能发挥最佳价值,借此进行自律的品格训练。

续表

年级	主题活动	主题班会	目标
二年级	1. 组织亲子活动，走访盐马古道，了解自贡的盐井及背后的故事。 2. 开展盐井背后的故事交流会，在分享中受到感染。 3. 学习《天车》儿歌。 （"盐"之有"礼"）	文明、礼貌	1. 寻找在悠长历史发展中留存下来的盐井文化精髓，了解盐井背后的故事，深刻体会中华民族厚重的文化传承，培养自贡人的自豪感。 2. 从盐井故事中受到启迪，借此进行文明、礼貌的品格训练。
三年级	1. 组织研学活动，参观燊海井和盐业历史博物馆，了解盐的制作过程。 2. 在学习生活中组织关于团队合作的活动。 3. 布置任务，训练学生能吃苦、持之以恒的品质。 （"盐"精苦思）	坚持、合作	1. 了解盐的制作过程，感受老一代盐工的聪慧、勤劳与锲而不舍的精神。 2. 培养学生的团队合作、坚持不懈的精神。
四年级	1. 组织游学，探访仙市古镇，感悟盐文化的魅力。 2. 收集并分享盐商爱国的故事。 3. 打造人人诚信、人人奉献的班级文化。 （一"盐"九鼎）	诚信、爱国	1. 让学生进一步了解盐文化的历史渊源，感受盐文化是自贡这座城市发展的活力和动力。 2. 培养学生的爱班、爱家、爱家乡的情怀。
五年级	1. 开展志愿者服务等多种形式的公益活动，弘扬盐文化的精髓，做盐文化精神的传播者。 2. 开展培养学生团队意识的活动。 3. 举行"书法""诗歌"等比赛活动，陶冶学生的情操。 （绵"盐"不断）	责任、担当	1. 组织学生通过做志愿讲解员、实践汇报等形式，生动再现盐文化的精髓。 2. 通过公益活动，培养学生的社会责任心，为盐文化的延续贡献一份力量。
六年级	1. 开展论坛活动，梳理"有盐有味"的自贡人应具有的品质。 2. 组织开展"话梦想"、文学社等活动，给自己的理想找个家。 （"盐"出必行）	理想、规划	1. 通过多种活动，激发美好的自贡情结。 2. 树立理想，为自己制定人生规划，争做"有盐有味"的自贡人，成为家乡的骄傲。

谢老师的"盐文化"系列活动课程不是零散的、随意组织的，而是在深入研究当地"盐文化"的内涵，并关照到学生成长中的问题和年龄特点的基础上，精心建构的"盐文化"班本课程。谢老师围绕自己带班的长远目标设计了每个年段的教育目标和主题活动内容，并基于小学六年的时段来做顶层设计和系统规划，形成了学年之间课程内容和活动形式紧密衔接、螺旋上升的课程体系，把学生的学科教学活动、探究学习任务、综合社会实践活动、主题班会有机地整合在自己的带班计划和班级教育的大目标之下，构建出一个活动育人的"大棋局"。

三、班本课程开发的基本过程

通过上述两个优秀课例的学习，我们会发现班本课程的设计和开发是一个有价值的实践研究，同时也是一个充满乐趣、个性化的校本研修项目。班主任如果要开展这项研究，需要注意以下几个方面的问题。

1. 做好课程建设的前期研究

首先，班主任要梳理已有的班级文化建设的成果和班级活动研究方面的积淀，分析班级管理中面临的主要问题和学生教育中的突出问题与难点，了解自己所在学校的办学特色和有代表性的学校文化建设成果，调查和了解所在地区有代表性的文化特征和有特色的课程资源，以及有特色的乡土课程资源、社会实践场所，以此作为班本课程开发的资源和条件。

其次，把班级文化建设作为班本课程开发的中心工作。班本课程开发离不开班级这个重要场域，班级文化建设，特别是班级精神文化整体构建是班本课程开发的重要依托。班主任要把班本课程建设与班级文化建设同步实施，先确定班级的精神追求，落实班级精神文化建设的"四件套"——班训、班歌、班徽、班级口号。

再次，撰写班级主题活动课程的具体规划，明晰班本课程的目标、来源、结构框架、活动形式等。班主任要围绕班级教育目标构建本班级的主题班会课程体系，并与学生一起制订实施班本课程的计划。

2. 对课程实施结果进行总结和评价

班级文化建设和班本课程开发是班主任借助实践智慧，解决学生成长发展问题的行动研究过程。行动研究过程本身的特点就决定了班主任要在理论指导下，运用自己所学习的教育与心理的相关理论解决现实问题，并在此过程中不断重新审视自己的研究路径和所取得的成果。班主任要对阶段性的研究成果进行全面的分析和评价，在此基础上，完善课程结构，增删课程内容，改进课程实施方式。

3. 确定进一步改进课程的方向和策略

阶段性总结后，班主任要根据专家的改进意见进行有针对性的自我检查和工作落实，制订下一阶段的工作计划，确定下一阶段的课程改进计划的时间表，使新的班级文化建设策略和班本课程计划更趋合理、完善。

四、"大活动"理念——构建活动育人的"大棋局"

活动的设计和实施需要形式上的创新，需要根据学生的兴趣和班级存在的问题进行灵活的组织。但是，这些零散的活动如果没有一个上位的"大目标"引领，会因为缺少系统的规划而变得杂乱，因此，德育活动需要班主任对日常组织的活动进行系统筹划和顶层设计，明确每个小活动要实现的小目标，厘清这些小目标与自己心中"大目标"的关系。

这个"大目标"可以是班本课程相关的综合目标，也可以是学生教育引导中的专题目标。

以爱国主义教育为例，爱国主义教育的终极目标是学生爱国行为的体现，爱国行为的发生绝非来自外在的强迫和规制，而必须是建立在个人对祖国深厚的情感基础之上。因此，爱国主义教育绝非一次单一的活动，而应该是包含爱国认知、爱国情感、爱国行为在内的多种形式的"大活动"。

笔者在实践中尝试把学校与爱国主义教育相关的各种活动统合到爱国主义教育的"大目标"之下：把学校的夏令营活动、博物馆课程学习、中国近代史探究学习、学校电影周的抗战电影欣赏都作为爱国主义教育的"小活动"。活动之初，不用把"爱国"的目标讲给学生听，而是让他们在活动中去获得真实的体验。夏令营活动让学生为祖国壮美的河山而感到骄傲；博物馆课程学习让学生为祖国灿烂的历史文化而倍感荣耀；近代史的探究学习活动让学生为祖国过往的苦难而深感痛惜；抗战电影的赏析更让他们对先烈们不屈的抗争而心怀崇敬；最终，在充满仪式感的爱国主义教育总结活动中，他们由衷地为自己是祖国的一分子而骄傲自豪。

班主任在班级管理中确定自己的育人目标，细化自己的育人目标，并最终实现自己的育人目标，不是一次主题班会就能完成的，也不是一次家长会就能完成的，而应该是班主任长远的班级文化建设方略和系统的班级主题教育计划才能完成的。班主任的育人活动不应该是外在的任务驱动和学校的规制、安排，而更应该成为每一位班主任享受创新乐趣和育人幸福的主动行为。

 小贴士

班主任要当好主题班会的总设计师

- 注意不同活动形式在班会中要穿插配合，增强主题班会的吸引力，调动学生的直接兴趣，避免主题班会主题扎堆、形式雷同的老问题。

- 与其他教育形式有机整合。主题班会不是唯一形式，也不可能成为唯一形式。在实践中，不可能把所有的学生教育都通过主题班会来完成。

- 对主题班会进行系列化设计，突出主题班会设计与实施的计划性和系统性，避免主题班会设计与实施的随意性。

后 记
AFTERWORD

主题班会设计与实施能力是班主任核心素养的关键要素，一堂班会课承载了太多的"诗外功夫"。主题班会不仅折射出班主任的教育素养和育人智慧，也极有可能成为改变学生理想信念和价值判断的关键事件。不管是在当今立德树人、德育为先的教育背景下，还是在班主任个人的专业发展历程中，主题班会永远都是最重要的"抓手"。主题班会的研究和创新探索不仅要加强，而且也应该永远在路上。班主任有必要握紧这个"抓手"，开展"四多"型的有效学习。

多看：班主任要扩展阅读面，博览群书不失为有效的学习形式。这里的"多看"也包含了班主任在实践中的观摩和参观学习。班主任只有不断开阔视野，向优秀同行学习，积累丰富的"表象"，才能有自己超凡的创造，才会有更多班级管理和学生教育上的创见和突破，正如古人所说，"操千曲而后晓声，观千剑而后识器"。

多思：班主任必须保持积极思维的状态，关注身边的班级管理问题和自己经历过的教育案例，特别是每一次自己亲历过的主题教育活动。班主任对这些问题做细心观察和不同视角的反思，会在重新审视中发现新的问题端倪，会看到曾经熟视无睹的"绝妙风景"。人们常说，谦虚使人进步，事实上，仅有谦逊的态度还远远不够，反思才能使人进步！

多试：班主任有理论研究者不具备的得天独厚的研究优势，可以随时随地把自己的想法和创见付诸实施，把自己关于教育的新思路运用到班级管理的实践中。这样的不断尝试和探寻，不仅可以加深自己对问题的认识和理解，也有可能发现新的问题解决思路，获得不曾料想的生成性思维成果。主题班会可以成为一个班主任创新、探索的"试验场"。

多改：善于反思的人不仅保持积极的思维状态，尝试用新方法来解决问题，同时还具有良好的思维灵活性，不满足于已有的结果和问题解决路径，总是不断主动打破自己的思维定势，努力拓展自己的思考空间。每一次主题班会方案的重新打磨和活动"变式"，都可能有新的思维火花迸射，班主任则会在新方案的完善中，跃上新的成长阶梯。

《有效主题班会八讲》出版于2012年，至今已经十个年头了。在这十年里，关于主题班会的研究在不断拓展和深化，新的设计理念和实施路径推陈出新，涌现了大量的优秀课例和有创见的研究者。我无数次走进各个学段、各类主题的主题班会现场，学习优秀班主任的成功经验，与老师们一起探求提升主题教育实效性的理念和方法，创新主题班会实施方式。

在主题班会的理论研究和实践探索中我走过了一段颇有收获的心路历程，重新审视《有效主题班会八讲》，发现自己从前的分析理路和问题应对策略中不乏粗糙之处，典型案例的遴选和针对性分析都存在巨大的可提升的空间，主题班会案例研究和校本研修活动的设计与实施也有必要补充到原有的框架体系中。于是，从去年开始，在任红瑚编辑的鼓励下我对原来的书稿进行了修改和完善，形成了现在这本《有效主题班会十讲》，把自己近年来关于主题教育研究的探索、发现和思索与各位班主任老师分享。

宜家家居有句很精彩的广告语：Try something new!（尝试新事物！）创新不仅是强劲的动力，也会成为幸福的源泉。主题班会的创新探索没有止境，会永远在路上！让我们且思、且行，让我们一路向前！

迟希新

图书在版编目（CIP）数据

有效主题班会十讲：设计理念与实施策略/迟希新著．—上海：
华东师范大学出版社，2022
ISBN 978-7-5760-2758-7

Ⅰ.①有… Ⅱ.①迟… Ⅲ.①班会—活动课程—课程设计 Ⅳ.① G455

中国版本图书馆 CIP 数据核字（2022）第 052064 号

大夏书系·全国中小学班主任培训用书

有效主题班会十讲：设计理念与实施策略

著　　者	迟希新
责任编辑	任红瑚
责任核对	杨　坤
封面设计	淡晓库

出版发行	华东师范大学出版社
社　　址	上海市中山北路 3663 号　邮编　200062
网　　址	www.ecnupress.com.cn
电　　话	021-60821666　行政传真　021-62572105
客服电话	021-62865537
邮购电话	021-62869887　地址　上海市中山北路 3663 号华东师范大学校内先锋路口
网　　店	http://hdsdcbs.tmall.com/

印 刷 者	北京密兴印刷有限公司
开　　本	700×1000　16 开
插　　页	1
印　　张	13.5
字　　数	180 千字
版　　次	2022 年 5 月第一版
印　　次	2024 年 10 月第五次
印　　数	10 101-11 100
书　　号	ISBN 978-7-5760-2758-7
定　　价	55.00 元

出 版 人　王　焰

（如发现本版图书有印订质量问题，请寄回本社市场部调换或电话 021-62865537 联系）